献给复旦大学一百二十周年校庆

同爱共辉 光彩照人

王鹤鸣 张爱芳 林 桦 编著

復旦大學出版社

2005年4月复旦大学出版社出版

2006年3月台湾秀威资讯科技股份有限公司出版

2009年4月台湾秀威资讯科技股份有限公司出版

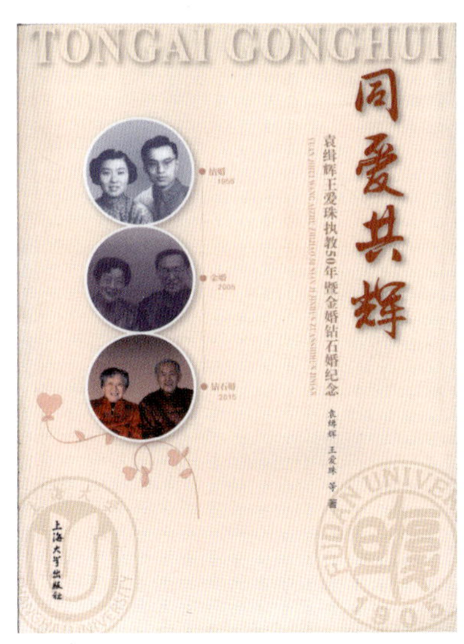

2020年12月上海大学出版社出版

2021年12月21日，袁缉辉、王爱珠老师一家合影。2021年12月21日是王爱珠老师90岁生日，中图两位老人与小辈计13人在洛杉矶，左边儿子袁道唯、儿媳许良村在上海，右边女婿徐曙光也在上海，全家共16人。2022年1月15日是袁缉辉老师90岁生日，两位老师的九十大寿都在阴历辛丑年十二月期间。

2023年1月22日，袁缉辉、王爱珠老师摄于美国加州洛杉矶阿罕布拉市

2024年6月16日，袁缉辉、王爱珠老师摄于美国加州洛杉矶阿罕布拉市泰乐阁棕榈老年公寓

2024年7月8日，袁缉辉、王爱珠老师和他们的5个曾孙摄于美国洛杉矶蕾西公园

恭祝十一叔，婶九十大寿
庆双羊九十同爱共辉
李道铨及王克礼携全家敬贺

四代同堂 昌澄百日照

2019.1.

2019.4.

2021

昌澄向
伯太爷太奶
拜寿

编著者简介

王鹤鸣

上海图书馆原党委书记兼历史文献研究所所长，研究员。1964年、1967年复旦大学历史学系本科、研究生毕业，1992年起享受国务院政府特殊津贴，2018年国家社会科学基金重大项目首席专家。近30年来，以研究中国家谱文化为重点，主编《上海图书馆馆藏家谱提要》《中国家谱总目》等多部专集；著有《中国家谱通论》(已译英、韩文)、《中国祠堂通论》(已译英文)、《中国寺庙通论》、《中国少数民族家谱通论》等多部专著；荣获上海市哲学社会科学优秀著作奖等省部级奖项6项，主编的《中国家谱总目》、独著的《中国家谱通论》分别荣获2010年、2011年中华人民共和国新闻出版总署奖项。

张爱芳

复旦大学经济学系社会主义经济学专业1986级硕士研究生，上海银行营业部高级主管。

林　桦

上海图书馆馆员，历史文献中心秘书。

目　　录

祝贺《同爱共辉》出版

袁缉辉王爱珠伉俪的人生之旅

经济学与老年经济学理论及其实践

社会学与老年社会学理论及其实践

老年学理论及其实践

祝贺《同爱共辉》出版

祝贺《同爱共辉》问世

蒋学模

《同爱共辉》这本书是王爱珠和袁缉辉这对贤伉俪半个世纪以来笔耕成果的展示和介绍。他们两位都是 1953 年毕业于复

袁缉辉、王爱珠与蒋学模教授夫妇合影

蒋学模，中国著名经济学家、翻译家，复旦大学经济学院教授。2008 年逝世。

旦大学经济学系，至今足足有50年了。“金婚”表明他们俩结婚已有50年了，当年他们是毕业典礼与结婚典礼差不多同时进行的。这一点也不奇怪。当时是计划经济体制，大学生毕业后到哪里工作，完全由组织分配。只有毕业前已结婚或明确就将结婚，两人才能分配在同一单位或同一地区。不然，如果一个分配到黑龙江，一个分配到广东，婚后要改变两地分居，调到一处来，是非常困难的。这种情况，现在的中老年人是完全能够理解的，青年朋友们恐怕就不知道了。

王爱珠和袁缉辉毕业后都留校，但不在一个系。王爱珠留在经济学系。我与她既是师生关系，又长期是同事关系，都在经济学系政治经济学教研组。从20世纪50年代到80年代，一同讲课，一同编写教材（包括本科生教材和研究生教材），多次一同到外地讲学（远到黑龙江）。当然，这期间，也一同经受了十年“文革”动乱的煎熬。王爱珠是以“蒋学模之流”的罪名遭到了派性批斗的。将近40年的同甘共苦，应该说，我同王爱珠同志因而同袁缉辉同志是相知很深的。

王爱珠生性聪颖，思维敏捷，讲话速度极快，因而获得“机关枪”的外号。她留校不久便在《解放日报》上发表文章，是留校青年助教中发表文章最早、提升讲师职称最早的一个。她大部分时间从事政治经济学基础理论的研究，本书第二篇中搜集的一些论文，反映了她在这一领域中的部分成果。大约从20世纪90年代起，可能是受了袁缉辉的影响，她开始开辟老年经济学研究，是我国在这一领域中的先行者。本书第四篇所搜集的文章，反映了她在这一方面的成就。

王爱珠和袁缉辉现在都已进入古稀之年了，至今仍笔耕不辍。在他们金婚之际，出版一本反映他们的学术成果的文集，是可喜可贺的。生命不止，笔耕不辍，我愿与他们共勉。

2004年末

祝贺袁缉辉、王爱珠伉俪金婚钻石婚之喜暨《同爱共辉》出版

邬沧萍

作为袁缉辉、王爱珠伉俪的同行和老朋友，我对他们的金婚之庆致以最诚挚的祝贺！对他们合作出版的这本论文集表示由

1993 年，袁缉辉（前排左一）、王爱珠（前排左三）、邬沧萍（前排左四）参加第 15 届国际老年学大会，此为中国代表团合影

邬沧萍，中国人口学、老年学奠基人，中国人民大学荣誉一级教授。2023 年逝世。

衷的敬意!

金婚在国内外都是令人羡慕的。且不说在“人生七十古来稀”的年代,就是在今天,金婚仍然是为数不多的。联合国秘书长安南提出当代为长寿时代,2002 年世界卫生组织总干事布仑兰特(Brundlant)夫人确认人类在 20 世纪平均寿命延长了 30 岁。虽说发达地区人口平均寿命已进入 80 岁的时代,但并不是说很多人都能活到 80 岁。这是按照现在的经济社会条件和生活环境下生存,人们按照现在的生活方式和行为方式存活下来的概率计算出的平均预期寿命,而非现在存活的人的“平均寿命”。两者有一定的差距。在 21 世纪初能庆祝金婚的人几乎都是 20 世纪 30 年代及以前出生的一代,他们的同龄人存活下来的人数并不多。我根据当时有关资料推算,我国活到 75 岁的人口不到全部出生人口的 2%,活到 80 岁的还不到 1%。要求夫妇双方都能够存活到金婚的年龄,概率就更低了。何况其中还有离异、分居、再婚等。发达地区寿命较长的国家的人口能够达到 75 岁或者 80 岁的,在人口中分别约为 5%—7%和 3%—5%,但由于他们的婚姻不如中国稳定,金婚仍然属于罕见的。中国民间流传着“少年夫妻老来伴儿”,这是对老年人情感需要的深刻概括。孤独和寂寞在人生晚晴中是最可怕的,也不大可能完全避免。有“老来伴儿”在很大程度上能够排除寂寞和孤独感,因此对提高老年人生活质量有它的不可替代性。无怪西方社会虽有不少人视婚姻关系如儿戏,但在大多数人的道德规范和人生感悟中,仍然把白头偕老珍惜如银(银婚)、如金(金婚)、如钻石(钻石婚)。

袁、王伉俪的金婚有两点是令许多人,甚至已经度过金婚的人(包括我在内)羡慕的。一是袁、王伉俪不但达到金婚高龄而且两人身体健康,生活不仅能够自理,而且还能够在国内外长途旅行和居住,承担第三代的培养和教育。这是许多金婚夫妇的健康状况所不许的。在我国为数不多的金婚夫妇中,常常是有一方甚至双方生命质量不高,生活不能完全自理,需要对方照护,或者双方都需要第三人照护,但双方彼此之间的精神慰藉仍然有不可替代的作用。现在袁缉辉和王爱珠夫妇都很健康,这是难能可贵的。我祝愿他们能够顺利度过钻石婚,并且能够继续保持健康,白头偕老到百岁。在人类进入长寿时代的今天,他们两人在 2015 年又迎来了钻石婚。愿我们所有的老年朋友、老同志共勉!

二是他们志同道合。袁、王伉俪在进入中老年后共同探索老年学这个新领域,使他们在中老年时期事业上有了一个共同目标。他们有许多同行朋友,有共同的话题、共同的关注和切磋。更令同行们羡慕的是,最近十多年来他们俩经常出双入对参加许多国内外老年学的学术讨论会。他们俩既是生活上的伴侣,也是学术上的知己。他们相互支持和鼓励的事例令许多人羡慕不已。

袁缉辉曾在上海为恢复社会学而奔走呼吁,当时在南斯拉夫进修的王爱珠抽出时间与人合译了南斯拉夫大专院校教材《社会学——马克思主义关于社会的一般理论基础》,以示对重建中国社会学的支持。这在很大程度上也是对袁缉辉的鼓励。在我国极“左”思潮肆虐年代,社会学曾经被错误地认为是反马克思主义的伪科学,这一谬论在 20 世纪 80 年代使一些知识分子对开展社会学研究心有余悸。那时,为恢复社会学科学地位的袁缉辉，是多么需要这个支持！王爱珠有深厚的政治经济学功底，多次参加我国政治经济学统一教材的编写工作。她在80年代后期讲授和研究苏东比较经济学和经济改革问题。1989年，东欧剧变，她对今后的研究道路如何走感到迷茫。在她徘徊之际，袁缉辉以他执着研究老年学的决心，影响王爱珠转入“老年经济学”这一块肥沃的新垦地来。在当时从事政治经济学这门必修课教学和研究的教授，毅然决然转到当时还是鲜为人知的老年学，需要有多大的远见和决心。王爱珠欣然接受了袁缉辉的建议，这是多么难能可贵！他们这两次相互支持隐含着多少感情上、政治上、学术上的升华。

袁缉辉给我最深刻的印象是他在政治思想和学术思想上的敏锐，善于观察和捕捉形势，敢于创新，敢为天下之先，认准的事情能一以贯之，务求事有所成。他在获悉邓小平提出在我国高等院校恢复社会学和其他几门学科的教学和研究后，便不遗余力在上海参与筹办恢复社会学系、筹建上海社会学学会和筹办我国第一本社会学杂志——《社会》。他参与筹建的社会学系、社会学学会和社会学杂志都是我国的“第一”和“率先”。我认为袁缉辉在恢复我国社会学学科地位方面作出了很大的贡献。同样地，他在我国推动创建老年学也是功不可没的。

他在社会问题研究中很早就关注老年人生活。早在1979年他便关注中国离退休老年人，与上海总工会宣传部筹组“上海老年人问题研究会”。1983年，作为交换学者他到美国耶鲁大学访问，在社会学领域中就选择老年人问题为突破口，与戴维斯·弗里德曼（耶鲁大学社会学系主任）共同合作研究老年人问题。1985年，他参加国际老年学学会在纽约召开的第13届年会。他是我国社会科学工作者中最早参加国际老年学学术交流的学者之一。在此以前我国只有少数老年医学学者参加国际老年学的学术交流。从事社会科学研究的学者在1982年我国全国老龄委员会成立前，很少公开讨论研究人口老龄化问题。当时有一段时间，我国不少人认为过早讨论老龄化会妨碍严格控制人口增长，不利于推行计划生育这项国策。的确，虽然我从人口学角度很早就预见到低生育率势必会加速人口老龄化，但是鉴于当时的形势，自己总是回避公开讨论人口老龄化问题，直到全国老龄委成立后才公开指导学生研究人口老龄化问题。袁缉辉从社会学角度很早就注意到老年人问题，可以说是独具慧眼。他与王因为、徐勤合写的《当代老年社会学》（复旦大学出版社1989版）也是我国最早的老年学著述之一。值得提出的是，袁缉辉十几年前提出由上海市老龄委与高校和社会科学院合作建立上海市老龄科学研究中心的建议，并付诸实践，使其成为我国第一个地方老龄科研机构。这一建议把理论与实践紧密结合起来，十几年的实践已见成效，充分证明把上海市的研究力量整合起来是有远见的。其后北京、浙江也先后成立了类似的老龄科研中心，说明袁缉辉的建议是切合实际的。

王爱珠以她在政治经济学方面的深厚功底、参加经济改革研究的宽广阅历，毅然决然地从热门的比较经济学领域转入老年经济学这个在经济学研究者看来无足轻重的领域，表明她高瞻远瞩，看到人口老龄化是人类社会发展的必然趋势。她以马克思主义为指导，以老年群体为研究对象，以老年经济关系为研究内容，揭示人类群体老龄化和个体老龄化过程中形成的诸多经济关系和经济问题，在理论上很有新意。马克思在世的年代，人类还未认识到群体老龄化的必然趋势，但是王爱珠能够以马克思主义关于扩大再生产的生产、分配、流通、消费四个环节为体系分析老年人口的经济过程是一种创新。在体系上，与西方老龄化经济学(economics of aging)研究人口老龄化对经济的宏观影响的体系有所不同，不失为一家之言。人口老龄化对经济发展和社会进步的影响，归根到底在于如何满足日益庞大的老年人口的各种需要的问题，希望王爱珠同志能够继续以她的真知灼见结合她在国外接触的老年人群生活，进一步开垦老年经济学这块尚待进一步开发的处女地。请允许我再一次祝愿袁缉辉、王爱珠伉俪白头偕老，直到百岁！

2004 年末初稿，2019 年末稿

祝贺《同爱共辉》出版

——“第一永远是第一”

邓伟志

邓伟志在会上作报告(2019)

拜读袁缉辉、王爱珠两位老师的书稿《同爱共辉》时，首先映入眼帘的是1979年撰写的有关社会学的文章。

1979年，对非社会学专业的学人来说，不会有什么特殊的感觉，可是，对社会学圈内的人来讲，则非同小可。1979年，在袁缉辉做社会学研究时，中国的高校中有社会学系吗？没有。1979年，在袁缉辉做社会学研究时，中国的科学研究机构中有社会学研究所吗？没有。没有社会学教学与研究机构，怎么会一论、再论起社会学来？这就是袁缉辉的学术前沿性，也是袁缉辉的政治敏锐性。在这一年，邓小平提出社会学要赶快补课。

邓伟志，上海大学终身教授，博士生导师，中国社会学学会顾问。

话是说给大家听的，各条各块是均衡地向下传的。可是，听者不是一起动的。袁缉辉是社会学界走在最前面的一位。不，当时社会学还构不成“界”，充其量就那么屈指可数的几位研究者，他们是先行者。袁缉辉在几位不畏艰险的学者型领导同志的带动和支持下，在“文革”后率先设置了中国第一个社会学系，率先成立了中国第一个社会学研究所，率先创办了中国第一本社会学杂志。也许后来者可以居上，但是，第一永远是第一。袁缉辉的这三个第一，是载入中国社会学史册的。他是一位只问耕耘，不问收获的人。

男人的成功有女人的一半。袁缉辉的成功有他夫人王爱珠的一半。我认识王爱珠比认识袁缉辉早得多。我记得很清楚，那是在 1960 年春天，我毕业分配在上海社会科学院学习室工作。办公地点在位于瑞金二路与复兴中路交会处的瑞金花园。当时这个花园里有三幢洋房，学习室在一号楼，撰写技术革命和编写政治经济学的一帮人在二号楼。在二号楼里就有一位王爱珠。鉴于他们都是当了多年老师的，我们几位刚毕业的都称呼她王老师。师生之间差距比较大，本不该有很多接触，可是，有一个原因促使我多次向王爱珠老师行注目礼。学习室里有位我大学的老师叫邢念祖，他是王爱珠丈夫的同学。他指着被尊称为才女的王爱珠对我们说：王爱珠的丈夫姓袁，是李鸿章的血统后代，由于过继给了袁世凯的后代，因此，同时又是袁世凯的后人。20 世纪 50 年代的人都不会忘记，出于查三代的需要，那时候成天填履历表。邢念祖对我们讲，他曾跟王爱珠的丈夫开玩笑说：“我们不能不填，你就不用填了，你的社会关系书上都有……”于是，我们便对这位袁、李两家的富有才华的媳妇格外注意。当然，更想见识见识王爱珠的丈夫，只是没有机会罢了。

没想到20年后，1979年冬，王爱珠的丈夫袁缉辉先生，还有他的同事姚汉荣先生，陪同他们的复旦大学分校校长王中到我所在的中国大百科全书出版社上海分社来商调我去任教。谁知道我的领导陈虞孙对他的老朋友王中说："你看我的讨饭篮里就那么几个窝窝头，你怎忍心再给我拿走一个？"商调不成，陈虞老却同意了我去袁缉辉任系主任的社会学系兼课，讲授"家庭社会学"。这就是我跨入社会学的第一步。袁缉辉是我社会学的引路人。

今天是兼职教师为系主任的书作，是学弟为学长，是社会学界的老顽童为自己的社会学引路人写序。我乐意！

2004年

最好的金婚钻石婚纪念

——来自一位晚辈的祝福

袁志刚

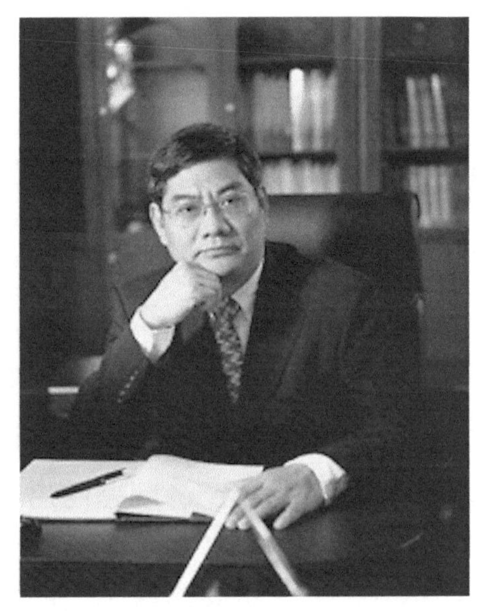

袁志刚在办公室

银婚、金婚、钻石婚纪念由西方传入中国，渐成风气。近年来国泰民安，庆祝者日众，但其中的金婚特别是钻石婚庆祝实为不易。王爱珠、袁缉辉两位教授的金婚和钻石婚纪念更是与众不同：将他们两人50年来的论著共同编辑出版，以《同爱共辉》书名问世，值得我们庆贺。

王爱珠教授是我的前辈，她与她的先生袁缉辉教授

袁志刚，毕业于法国社会科学高等研究院经济学专业，博士，教育部"长江学者奖励计划"特聘教授，博士生导师，享受国务院政府特殊津贴。现任复旦大学就业与社会保障研究中心主任，华东师范大学经济与管理学部学术委员会主任，复旦大学理论经济学博士后流动站负责人，复旦大学校务委员会委员。

1953年共同毕业于复旦大学经济学系，毕业后留在经济学系工作，成为该系少有的女教授。1984年我考入复旦大学经济学系读硕士研究生，王老师曾给我们授课，她在政治经济学、苏东经济问题的研究等方面的论著和逻辑精密的授课风格给我留下了深刻的印象，是一位我所敬仰的老师。1988年我出国留学，1993年学成回复旦大学经济学系工作。我按照西方的习惯推理，认为王老师应该是退休养老，安享晚年了。然而不承想，五年不见的王老师退而不休，根据其对中国老龄化社会即将到来的先知先觉，上下奔走，竟然创全国之先，在复旦大学开办了老年经济研究所，1996年又出版了32万字的《老年经济学》，接着有关老年经济学的课题、老年经济学的论文、老年经济学的调查报告接踵而至。在王老师的影响下，复旦大学一支研究老年经济学的中青年队伍逐渐形成。

我是研究宏观经济学的，近年来，从宏观经济动态增长的角度研究我国的养老保险问题，在研究过程中也拜读了王老师撰写的《老年经济学》著作和有关的论文。我发现，她在马克思主义基本原理的基础上，揭示人口老龄化之后一个社会中经济关系的演变和特殊经济问题的出现，根据马克思的理论体系从生产、分配、流通和消费等社会生产和再生产过程的诸环节，展开对老年经济学问题的研究，其分析在理论上是十分深刻和到位的。同时她的研究又不仅仅止于理论层面，她利用到国外探亲考察的机会，结合国外人口老龄化与中国人口老龄化的问题，有的放矢，提出许多解决老龄化问题的具体办法和建议，如怎样制定人口老龄化政策，如何发挥老年人口的潜力，如何建立有中国特色的养老模式，等等，具有十分重要的实践意义。

复旦大学是一所著名大学,名教授云集其中,名人逸事多多。同窗、夫妻、同为教授、同在一个领域里耕耘探索,携手出版共同的著作,为复旦园再添异彩,是一件何等浪漫的事情。作为晚辈,我们为他们的幸福感到高兴,同时也为他们道上一句深深的祝福:祝你们两位身体健康,理论思维永远年轻!

2004 年初稿,2023 年二稿

祝贺袁缉辉、王爱珠伉俪九十大寿

王鹤鸣等

祝贺

袁缉辉王爱珠伉俪新著《同爱共辉》出版

暨九十华诞座谈会

复旦大学历史系64届沪上老同学

2021年4月15日

上海图书馆二楼贵宾室座谈会会场

祝贺袁缉辉王爱珠伉俪新版《同爱共辉》出版暨九十华诞座谈会发言纪要

时间：2021年4月15日上午9：30

地点：上海图书馆二楼贵宾室

出席：张广智、蔡幼纹、华校生、周珉、竺培芬、武容之、阴巧云、陈惠娟、王鹤鸣、徐爱珠、赵建民、洪金魁、吴信忠、李益然、颜声毅、刘志群、刘克宗

主持：徐爱珠

（以下发言纪要以发言先后为序进行整理）

徐爱珠：大家好！今天上午，我们欢聚一堂，庆贺袁老师、王老师的九十大寿，和他们的新版《同爱共辉》出版！我们今天在一起，不光是回忆我们的青春，也是学习王老师、袁老师他们在人生的每个阶段，他们都走得很好！他们在60岁左右的时候，开辟了新的领域，创办了社会学，倡导了老年经济学、老年学，他们华丽的转身就是我们学习的榜样。

我记得入复旦一年级的时候，袁老师给我们上《共产党宣言》，他当时说，一个幽灵在欧洲上空游荡，我把他这句话记到心里了，当然是马克思的话，但是袁老师把这句话解释得出神入化，使我们每个人有了追求，有了理想：共产主义！我就是从这个时候开始念念不忘地要入党，在大学时候要求入党，毕业工作以后也是要求入党，然后入了党，也做了教师。我在做教师的时

候，当时是那个林彪事件爆炸，我第一课就是讲《共产党宣言》，我也是这句话：一个幽灵在欧洲上空游荡，……我就这样上了讲台。

我觉得在讲台上或是在同学间应该有个敬重，有个信任，然后产生共鸣，袁老师就是这样教我们的，我沿着他的脚步这样走了，确实是有收获。他们人生的每个阶段都有华丽的转身，今天我们祝贺他们九十大寿，就要向他们学习这种精神。

我们进入了老年，我们也要老有所乐，老有所为，我想在座的都做到了。

我们要感谢图书馆的工作同志，谢谢你们今天搞了录像，让我们能够跟袁老师跟王老师见面，也可以跟北京的同学、厦门的同学、广东的同学，向他们问好，我们大家说一声同学们好！

今天我们有大屏幕，看看袁老师他们最近的情况，我们上次

徐爱珠主持座谈会

在那个微信里面也看到了。90 岁的王老师跟袁老师他们好得很,也很精神嘛,穿得也很光鲜,所以我今天向他们学习,也穿得好看。

我昨天晚上在微信上收到了好多同学的信息,让我向在座的各位问好,有周捷昌,有彭葆枢,有章永湘,有好多好多,所以我们今天在这里也向他们、向全国各地的老同学问好。

王鹤鸣:刚才徐爱珠同学讲得很好。我记得十年前,也就是 2011 年 10 月份,我们老同学在这个贵宾室里举行了一次活动,就是祝贺袁缉辉老师、余子道老师八十华诞,当时李益然同学写了一首诗:

沪上同窗聚一堂,祝福恩师寿绵长。
八十大寿同欢庆,九十再来举寿觞。

今年正好是又过了十年。我与赵建民、徐爱珠、洪金魁、周士英等商量,决定再搞一次活动,一是两位老师九十华诞,二是《同爱共辉》出版。我觉得袁、王两位老师有三点值得我们学习。一是袁老师平易近人的作风。袁老师是我们政治指导员,作风民主,有事情与大家商量,给我们留下了非常好的印象。直到 20 世纪八九十年代,进入 21 世纪,他都跟我们保持了联系。在北京,他与周捷昌、李明三等老同学团聚,在上海,他数次参加上海老同学活动,我记得有一次他到枫泾去参加活动。二是在教学上科研上的创新精神。袁老师在社会学上有三个第一,建立中国第一个社会学系,创办中国第一本社会学杂志,成立中国第一个社会学研究所。王老师在创建老年经济学方面也作出了重要贡献。三是健康积极的晚年生活也值得我们学习。

我们这次活动得到上海图书馆的大力支持。上图专门派了摄影的同志为我们制作视频等。下面请上图馆办主任余江讲话。

王鹤鸣发言

余江：2020年年底王书记就与我开始策划这次活动。王书记是我的老领导，我自己也有个复旦情结，就是袁缉辉老师跟我妈妈是复旦中学的同班同学，他跟我妈妈都是同年的。祝贺袁老师和王老师九十华诞！

你们都是耄耋老人了，这个活动很不容易，欢迎各位师长到上图来参加这个活动。刚才一个短片是上图制作的，待会儿我们还可以再跟袁老师视频对话。

今年年底，上图东馆试运行的时候，请各位老师到浦东上图东馆，我们再次相会相聚。祝各位老师健康长寿！

上海图书馆馆办主任余江发言

（下面通过微信与在美国的袁老师、王老师视频通话）

与袁缉辉老师、王爱珠老师视频通话

赵建民：袁老师，我是赵建民，请您讲话。

袁老师：谢谢大家召开这样一个会议。我们大家都是复旦人，今天能够在这里非常非常高兴。我们在历史系，我们相处了三年，但是这么多年，我们都没有断了联系，今后我们要更多地联系。

赵建民：王老师您好，请您讲话。

王老师：你好你好，谢谢大家，谢谢各位校友，谢谢我们复旦的校友。今天我们大家在这里召开这个座谈会，非常高兴。这本书是再版，是新版，这本书在内容上有了删减，有了增加。

洪金魁、徐爱珠：我们都是复旦人。谢谢两位老师！祝两位老师寿比南山，福如东海！

赵建民：当年第一次看到袁老师，这么年轻，跟我相差五六岁嘛。以后，袁老师常要我办一些事情。如有一次到南汇去劳动，他叫我带一封信到他家里边，他写的是爱珠收，我有点疑惑，我班有个徐爱珠同学，怎么还要叫我传信呢，我也不敢拆开来看，我拿到他家里去了，哦，原来他夫人就叫王爱珠，那我才知道这个区别。我去袁老师家里吃过两顿饭，是袁老师叫我去的。

赵建民发言

刘克宗：毕业以后，第一次和袁老师见面是1979年的三四月份。复旦分校的学生在南市区搞社会调查，当时我在南市区工作，于是我与袁老师师生相见，非常亲热，我觉得袁老师没有变化，仍然是我最尊敬的老师。他非常关心我，问我你现在工作怎么样，复旦分校都是复旦人，欢迎到复旦分校来。袁老师建议我搞专业对口，搞史学好。我来到复旦分校和袁老师的帮助是分不开的。

后来呢，我们接触的机会就多了。我觉得袁老师最值得我敬佩的是开拓进取的精神。我记得他是到分校以后搞社会学专业的，我们知道社会学这个专业当时是很难的，当时复旦分校搞社会学是全国第一家。袁老师创办社会学系采取了一系列措施，我们都看得很清楚。袁老师对自己的学生非常关心，评职称等方面遇到什么问题都会向袁老师寻求帮助。到现在为止，据我了解，全国社会学学会的会长也是他培养出来的。

袁老师是我一生当中最最敬重的老师。

刘克宗发言

颜声毅：《同爱共辉》2005 年版本、2020 年版本这两个版本我都看了，我感触很深，很受教育！袁老师也好，王老师也好，他们无论是事业上还是人生上都是很成功的。从事业上讲，他们不仅成果丰硕，而且有很多事都是开创性的，好多全国第一，这个很不容易。成功的因素中，我想他们的聪明，他们的勤奋，这个都不用讲了，我再讲一点，就是他们很善于抓住机遇，比如文化大革命刚刚结束以后不久，中央领导提出来政治学、社会学要补课，那么袁老师马上就抓住，首先创办社会学，在大学里面创办社会系，担任社会系主任，从事社会学的研究。20 世纪 90 年代中国刚刚进入了老龄化社会，两位老师又抓住这个机遇，搞老年学研究，袁老师是搞老年学、老年社会学，王老师搞老年经济学，所以又取得了很多成果。

第二点我体会很深，就是他们强调老有所学、老有所为、老有所乐、老有所依。其中，老有所为，他们身体力行，80 多岁了，他们还是学电脑，学英语，学摄影，去跳舞，学编织，还写书，我觉得这很不容易的，这一点我感到跟他们比起来，自己是很惭愧的。我工作到 70 岁以后，教学任务没有了，科研项目都完成了，那就几乎全部退休了，就不再接任何任务了。前几年上海人民出版社和复旦大学出版社好几次来找我，要我们把过去两本书修改再版，一本是获得上海市首届社会科学优秀一等奖的《现代国际关系史》，还有一本就是被教育部列为普通高等教育国家级教材的《当代中国外交》，但是我都不敢接，以种种的借口推掉。前几年我才 70 多岁，按照现在联合国的年龄标准划分，70 多岁还是中年，80 岁以上才是老年，两位老师强调老有所为，而且真正做到老有所为，我是老而不为，这两者相差太大。这点呢，不仅我跟袁老师、王老师是无法相比，就是跟我们在座的很多同学，还有我们班级的其他同学相比，也觉得有差距，比如王鹤鸣同学，张广智同学，华校生同学，还有彭葆枢、洪金魁、张志哲等，另外刚刚去世不久的华友根。他们做事情不断在奋斗，不断在出成果，这一点呢，我是自叹不如。

两位老师今年都 90 岁了，仍然身体健康，精力充沛，思路敏捷，家庭美满，这是非常宝贵的，这是用金钱买不到的财富。作为学生来讲，也为他们感到很高兴，很欣慰。最后，祝两位老师福如东海，寿比南山，越活越年轻，越活越快乐，越活越幸福。

颜声毅发言

李益然：袁老师八十大寿的时候也是在这个地方，现在又过了十年，两位老师已九十大寿，我又写了几句话，给大家念一念。

九十大寿喜洋洋，同爱共辉业流芳。
晚晖最是夕阳美，祝师期颐身健康。

我把这几句话已发在大家的手机里了。我觉得我们能够有这样的一个机会，大家聚在一起，我觉得应该感谢王鹤鸣，我也写了几句话，感谢鹤鸣。

感谢同学王鹤鸣，服务同学一片心，
组织活动不辞苦，复旦情谊得延伸。

李益然发言

张广智：袁老师、王老师是我们的榜样，无论从哪一方面都成为榜样，是我们学习的楷模，我们也希望能够达到他们那样的境界，其他的话就不多说了。我也写了两首诗，题目都是同爱共辉，一首诗新民晚报已经发表过了，另外一首呢，昨天晚上写的。我写文章马马虎虎，写诗不行，不懂平仄，这个所谓诗的话，还是打油诗这样一个水平。

贺袁缉辉、王爱珠老师九十华诞两首

其一

窗外风雨宅内静，同爱共辉闪晶莹。

大洋浩瀚深万丈，不及吾师赠我情。

其二

燕曦两园一鉴开，天光云影共徘徊。
问君哪得清如许，同爱共辉向未来。

张广智、蔡幼纹、武容之参加座谈会

洪金魁：我很高兴今天能够来参加祝贺袁缉辉、王爱珠老师大寿这么一个活动。我想起我们刚进复旦的时候，袁缉辉老师是政治指导员，给我们讲授《共产党宣言》，可以讲是我们思想上的引路人。袁老师不单从政治思想上关心我们，在生活上也是非常关心大家的。我印象最深的一次，下暴雨，袁老师告诉我，老洪啊，你现在赶快到市区去，买几把雨伞，我们年级有一些同学，根本没有带雨伞。我也不是上海的，对市区也不熟悉，但这是老师第一次交的任务，我硬个头皮，赶快去了，这件事情给我印象非常深。第二件事情，我觉得袁老师能够真正地与时俱进。我在大学只听说社会学是被批判的，改革开放以后，他马上创办了社会学系，这就是他的高明之处。

今天来，除了庆贺两位老师九十大寿以外，同时我也很开心，就是我们同学能够再次相聚。如果说，袁、王两位老师同学同教，一直到这个金婚、钻石婚是个奇迹的话，我们历史系1964届老同学能够这样搞活动，也是很不容易。我想首先要感谢王鹤鸣同学，从2000年以后，这么多年来，不管是上海同学的聚会，还是全国同学的聚会，他是我们的带头人，而且他从物质上、经济上提供了活动条件，团结了一大批同学。我们今天能够有十多个老同学来，真的不容易，也说明我们同学的友情。我顺便说一下，莫永明给我手机传来一段话，要我向大家问好。

我今天也来朗诵两首诗。

贺《同爱共辉》再版，祝袁缉辉、王爱珠老师九十华诞

同龄同教同辉耀，欢庆人生钻石婚。
学术爱情双硕果，晚霞静好美乡村。

这个美乡村的含义，既指很美丽的乡村，也指美式乡村，是在美国的乡村，晚霞静好美乡村。

第二首呢，就讲我们在座的，两首同学聚会即兴。

老同学聚会即兴

一

同饮申江水，瞬间六二年。
老来思往事，相见话三千。

二

回首当年复旦园，风华岁月忆留痕。
老来总想沧桑路，不忘初心不忘根。

洪金魁发言

王鹤鸣：刚才老洪表扬了我几句，其实，我们1964届老同学的活动举办主要是能够得到大家的支持。20世纪80年代、90年代的上海老同学活动，赵建民出力很多。后来胡运筹为老同学活动也出力很多。2002年我们第一次全国老同学活动，胡运筹就支持了1万元，拍摄录像等都是他搞的；2003年得到林仁川支持，老同学到厦门参加了家谱研讨会；2004年得到周捷昌、薛瑞录、钱明德等支持，老同学到北京搞了活动；2005年复旦一百周年校庆，当时胡运筹又支持了1万元。崔云华是我们同学会的秘书长，他在工作上、经济上出了很多力，如2014年，我们毕业五十周年活动，崔就支持了7 000元。所以我觉得老同学活动，是我们大家共同支持搞起来的。现在全国性的老同学活动，看来是比较难搞。上海同学活动呢，争取一年搞他一次两次。老同学要搞什么活动，大家可以向徐爱珠、老洪、老赵和我，反映一下。

徐爱珠：我顺便讲一下，周士英同学为大家做了好多事情，今天不能来，她让我带个信向大家问好。因为她的先生身体不好，要她管着呢。我们大家希望她身体好，她先生身体好，全家幸福！

我想到了袁老师跟王老师，他们两个互补，在学术上，在身体上，现在到90岁了，两个人相互帮忙，身体那么好，值得我们学习。

我想想我年级的同学里边，也有好几对夫妇，在我们老同学活动当中作出了贡献。如阴巧云，她的先生曹天任，当时我们搞活动的时候到复旦去，他们夫妇也作了很大的贡献。我们的张广智，他夫人蔡幼纹做后勤，她也牺牲了自己的事业，张广智这么辉煌，因为有蔡幼纹帮忙。我们的陈慧娟，她先生胡运筹发展那么好，现在身体不好，陈慧娟精心照顾，胡运筹的病已经稳定了，真是不容易。所以我说我们在座的家庭都很幸福，为什么呢，因为袁老师榜样在那，所以我们的晚年呢，都是开开心心的啊！在北京的钱明德也不容易呀，2003年我们到厦门去的时候，他夫人金计初很活跃，到处拍照片，现在就是要钱明德照顾啦，但是他们精神状态非常好心胸很开阔。

我们这里的华校生，他是红色基因的传播者，他把普陀区的红色基因的教育搞得有声有色，真的不容易，80岁了还在创业。

华校生：今天在这里我们老同学聚会，首先祝贺袁缉辉老师、王爱珠老师九十大寿！在这里，我感慨万千！我上大学以后，袁老师给我们讲授的《共产党宣言》，对我影响很深，使我受到很大的教育。

岁月不饶人，复旦毕业几十年了，现在我们已经进入耄耋之年，袁老师给我们讲授的《共产党宣言》，到现在我还有印象。最近大家都知道建党一百周年，我在普陀区党史部门工作，我们区的领导、各个部门都找我，他们说我是复旦毕业的，是历史系的，所以有很多党的历史知识资料都要我选编，我的任务很重。我因为搞党史的工作，接触了很多档案，有一些是革命先烈，还有一些革命事业的幸存者。这些幸存者甚至在临终之前都托付我，希望通过我把他们当年在上海参加革命事业的事迹发扬光大。

现在，普陀区要建顾正红纪念馆，要建沪西工人办的学校纪念馆，现在纪念馆布展，我就把一个很重要的内容即《共产党宣言》摆进去，让大家都知道了解。

普陀区为庆祝中国共产党成立一百周年，要出三本书，其中一本《火红地标》由我编著。在上次老同学活动时，我提出个设想，请金冲及老师为本书写一个序或者题词。在老同学参谋下，我写了一封信给金老师，并且把这本书的初稿也寄给了金老师。金老师在 2021 年的 1 月 5 日给我们写了一个题词：

记录红色足迹，讲好党的故事

祝贺《火红地标》出版

金冲及 2021 年 1 月 5 日

金老师给我们这本书题词以后，我们区的各级领导非常振奋，他们都说我的老师能够给这本书题词非常有意义。金老师的题词得到上海市委党史研究室的高度关注，党史研究室写了一篇专文在中共中央文献研究室刊发。目前，这个题词已经编入我们这本书里面。我们区的领导听说今天我要参加老同学聚会，要我向在座的同志、在座的复旦老同学的大力支持表示感谢！这本书出版后，我要给在座的老同学每人寄一本。

华校生发言

刘志群：我很高兴参加这次活动。我感到袁老师，有两个了不起，一个健康长寿了不起，另外一个就是工作成就了不起。当时我和杨立强一个学校来的，千里迢迢从广东跑到上海来，袁老师很关心我们，怕我们到上海来，不太习惯，因此找我们谈了好几次。他讲，你们身体啊还不错，身体要锻炼好，功课呢也要学好。他又说，你们到了上海以后，上海话也要学好啊！我祝愿袁老师和王老师健康长寿，长命百岁！

竺培芬：今天我们大家共聚一堂，庆贺袁老师王老师九十大

刘志群参加座谈会

寿，祝贺《同爱共辉》新版面世。我稍微讲两句，我要说的一句话呢，袁老师他永远是我们的恩师。我现在讲话，不光是代表我个人，也代表阴巧云，还有姚椿龄。因为袁老师跟我们三个的关系要更密切一点，我们三位在 1964 届毕业以后就到了世经所，实际上是袁老师把我们推荐过来的，所以我们非常感谢袁老师。另外，我认为袁老师永远是我们的恩师，我认为他为人非常好。我们刚进大学的时候，实际上什么也不懂啊，袁老师看上去，就是蛮年轻的，也蛮潇洒的，对我们来讲呢，不光是我们的老师，而且有点像兄长一样的，并不是高高在上的，很平易近人的，有什么事情你跟他讲，他也蛮通情达理的，而且设身处地为你着想，跟你谈话或者其他什么，我感到都非常真诚。像这样的老师，凭良心讲，确实也是不多的，我们几位有切身的体会。袁老师确实是我们的恩师，是我们学习的榜样。

我认为袁老师的创新精神也是非常值得我们学习的。他在社会学方面的创新，我认为是非常不容易的，因为社会学本来在中国并没有太发展，要成为一个学科，而且有份杂志，这么发展起来，应该说袁老师是功不可没的。在《同爱共辉》里边，很多学者对他这一点都是给予很高的评价。我们作为学生，也为他的成就感到非常的骄傲！

最后讲一条，就是说我们老同学，自从退休以后，好像从20世纪80年代一直到现在，经常举办各种活动，我在这里代表我们老阴，代表姚椿龄，感谢几位关键的同学，王鹤鸣、徐爱珠，还有洪大秘，还有赵教授，还有胡运筹，他们可以说是我们年级里边的骨干力量，我要向我们同学中这些骨干力量表示衷心的感谢！

竺培芬、陈惠娟参加座谈会

吴信忠：今天这个会，我从崇明专门赶出来，到这里来，很感动。崇明要开花博会，要发展成为长寿岛，欢迎大家到崇明来旅游。

（文字整理：王鹤鸣，上海图书馆原党委书记兼历史文献研究所所长，研究员。照片拍摄：林桦，上海图书馆馆员，历史文献中心秘书）

参加座谈会同学合影

（接2020年12月20日袁老师微信，赠参加座谈会各同学纪念币一枚。）

《同爱共辉》奏出生命主旋律

纪硕敏

袁缉辉教授是我非常敬重的老师，记得毕业后再见袁缉辉教授是在香港。离开大学数十年，我也已从上海移居香港多年。袁教授是到香港参加学术会议，他很忙，依稀记得我们只是在会场的门口见了一面，聊了几句，他就进场开会了。当时的场景有些模糊不清，不知道为什么喜欢采访的我，那时就错失了访问这位知名教授的机会。

那个时代没有微信，电话一换就联络不上了。只知道袁教授退休离校后定居美国洛杉矶，虽然有一段时间没有联络方式，不过袁老师的近况还是不断从老同学处得知。

袁缉辉教授是老复旦人，可以说是新中国成立后的第一代大学生，1953 年复旦经济学系毕业留校任助教，学的是经济学。改革开放恢复高考后，袁教授却跨学科在复旦分校重建社会学，组建社会学系，任系主任。可以说，他是中国社会学教学及研究的元老。

袁教授看上去就是一名学者，文质彬彬、为人师表、治学严

纪硕敏，复旦大学分校社会学系毕业，香港资深媒体人。

谨这些词来形容他都不会为过。我虽然是他较早期的一名学生,不过总觉得与系主任之间还是有蛮长一段距离。所以,亲切却不够热络。

不久前,手机微信上跳出了袁缉辉老师,马上互加。在美国的袁老师主动找了我,要给我寄一本书,我没在意,给了在伦敦的地址。当收到书时,我傻眼了。邮寄费要 48 美金,真是通货膨胀中的天价了。

一本书的邮费要价如此高,超过了认知,也显示出这本书的珍贵。由袁缉辉老师和师母王爱珠教授同著《同爱共辉》——袁缉辉王爱珠执教 50 年暨金婚钻石婚纪念,让你可以从书中寻找流失的记忆。

《同爱共辉》于 2005 年由复旦大学出版社最先出版,并于同年 5 月复旦百年校庆金婚庆典首发。之后,台湾秀威也出了一版,还增订了二版。我收到的是 2020 年上海大学出版社的新版《同爱共辉》,应该算是第四版了。现在这年头,一本书可以出四版,绝对是畅销书了。

"同爱共辉"是袁老师和师母总结的人生篇章,大部分是两位耄耋之年的老人携手 50 年的乐章,记录了他们学术成就的轨迹和辉煌,再有就是知名人士的精彩评述,内容相当丰富,图文并茂令人爱不释手。网上还专门节录了袁缉辉教授的传奇身世,竟和李鸿章、袁世凯、段祺瑞三重豪门有关。

袁教授夫妇以数十年的人生,营造一个"同爱共辉"的大家庭,子孙满堂、和睦相处。两位老教授年过九十,更是桃李满天下、春晖遍四方。所有篇章都充满着爱意和闪烁着光辉,令人欣喜和羡慕。

其实,“同爱共辉”是人类共同探索的一个生活主题,我们都希望生活在一个有“爱”及“辉”这样柔和光谱的年代,一个人之向往的美好时代。但我从书中也领悟到,袁教授要颂赞的不仅仅是他和师母的“同爱共辉”,更是社会整体的“同爱共辉”,是人类生命的主旋律。

还在20世纪70年代末,改革开放下,袁老师参与重建社会学时,一些学者和学生们都把研究社会问题的眼光盯着犯罪、家庭、婚姻、就业等热门话题,袁教授却把他的研究重点放在老年问题上。那个年代中国社会年轻,还在要求计划生育,他已经敏锐地意识到中国未来的老年问题。所以,袁老师数十年研究老年问题成果丰硕。现在网上查询,都是袁老师关于《市场经济与老年保障》《老,也可以很快乐》《老龄化对中国的挑战》等学术研究,也有《当代老年学》《当代老年社会学》《老年社会学教程》等专著。不过,网上最热门的还是袁教授和师母合著的《同爱共辉》这本书,是他尽一生之力追求的主题。

袁老师还给我发来了他在美国搜集的关于老年问题的剪报资料,告诉我美国已有六个州可实施绿色葬殓,全美第6州,纽约州人类堆肥法生效,称这实在是继人类实行土葬火葬后的一件大事①。他还嘱我,以流畅的文笔尽快介绍给世人,“功莫大焉”。袁老师还把师母老年经济学的专著推荐给我参考,希望我作研究撰文。

袁老师称年纪大了,眼睛不行,医生已经多次嘱咐他少用眼,他希望年轻一代可以接上研究。当然,关心“同爱共辉”是人

① 2022年9月,加州通过新法:人类遗体堆肥从此在加州合法化。这意味着,除了土葬和火葬,加州人可以选择第三种殡葬方式——“人类遗体堆肥”。

类一辈子的事，袁老师研究老年问题，倡导老年社会学研究的一份心依然热诚。他是期望所有人的老年生活都能注入“同爱共辉”那份人生的旋律，持续唱响。

可他不知道的是，他早年的学生都已经七老八十的了，都已到发挥老年余辉之年，他们也期待至老都还能进入“同爱共辉”的生命主旋律。这一曲，无论何年龄都应该，也可以共同唱响。只可惜我有心无力。

2023 年 2 月 9 日

袁 王 我 家

袁道唯

【父亲节谈父亲书】

有关父母一生的《同爱共辉》，2020 年初终于由上海大学出版社出版了最新一版。我父亲九十高龄，疫情以来和母亲在洛杉矶深居简出，最大的欣慰就是修订出版此书。该书似乎更能体现父亲“李袁段”三大家族的背景和父母在经济学、社会学和老年学三大学科的涉猎，以及在中国大陆的学科新创再创的开拓者历史。

【母亲节感恩母亲】

母亲每天勤学不已，编织不停，家中的手工艺术品展区不断扩展。母亲和我父亲名字中各取“爱”和 “辉”一字，书就了“同爱共辉”的感人篇章。上周游历东北边城，恰见历史文化名城为“爱辉”。两位老人现居美国加州，头脑敏捷，记忆过人。还常常能帮助照顾晚辈。感恩母亲，感怀母爱。

袁道唯，袁缉辉、王爱珠之子。

袁缉辉王爱珠伉俪的人生之旅

三重豪门之后：袁缉辉王爱珠夫妇的人生之旅

宋路霞

顶级三重豪门之路

袁缉辉教授是复旦大学的出名人物，在上海学术界也享有名望。他的出名原因很多，有学术上的，工作上的，家庭上的，最初，竟是由于他那复杂而有趣的出身。

他的同学、同事谈起他，第一个反应往往是——他是袁世凯

宋路霞，女，1952 年生，山东济南市人，上海作家协会会员，家族史研究学者。

的曾孙！

他的朋友们背后议论……看不出，好像不大像，文质彬彬，没有霸气。

他的50、60年代的学生知道后，往往一脸疑惑——袁世凯的曾孙？他怎么能当我们的辅导员？怎么会教《共产党宣言》？怎么……

其实这些话充其量只说对了三分之一，只说对了袁缉辉“三重豪门身份”的一部分，另外三分之二则是李鸿章家族和段祺瑞家族。这个“家底”也只能在当前政治清明、真正的大好形势下，才能抖搂出来，要是在30多年前“唯成分论”的年代，怕是他的“名气”还要大呢！

袁缉辉原本不姓袁而姓李，叫李家晖，1932年出生于安徽芜湖。他根子上是李鸿章家族的人，是李鸿章的六弟李昭庆的曾孙。由于他的曾祖李昭庆和祖父李经叙都去世较早，而伯祖李经方又过继给李鸿章为长子，所以他的父亲李国源早年得到李经方的关照，留学英国，并于麦伦斯科学院毕业回国后，先在外交界任职（曾任驻仰光代理总领事），后又步入实业界（抗战前参加创建江南铁路公司，1950年在沪办侨商碳酸钙厂），这无疑为李家晖兄弟的生活，注入了最初的“开放细胞”和“洋务细胞”。

他们家住在上海霞飞路（今淮海中路）兴业里，邻近亚尔培路（今陕西南路），因城市交通改造，这里的地面建筑现已拆除，那正是尘嚣万丈的商业中心，也是上海滩豪门望族的居住地。兴业里那条弄堂先后不知走出了多少知名人物。现在香港特别行政区政府财政长官唐英年先生家，当年也住在此。

李家晖之所以又姓袁了，是大家族之间豪门联姻引起的，尤其与段祺瑞家有直接的关系,这里还有段有趣的“夺子大战”。

李家晖生父李国源的原配夫人是段祺瑞的大小姐段式萱。段氏生下两个儿女(家曜、家明)后,不几年就因病去世了。李国源又续娶了福建陈家的小姐陈琪玉(陈箓的妹妹),接连生了7个孩子,大女儿家晋,儿子家昶、家昌、家景、家晖和家晨,幺女家星。

按照过去世家旧族的不成文的规矩,李国源虽然后来成了陈家的女婿,但是名分上他仍是段家的大女婿,凡是段家的红白喜庆等事情,他这个女婿仍是不能少的,而且,陈琪玉也要像段家的女儿一样,过门后还得去段家请安、拜年,好像是自己的娘家一样。这样一来,段家与李家就仍旧走动得勤快。

大约在1935年,段祺瑞的妹妹在合肥过生日,大家都去祝寿,李国源夫妇带着3岁的李家晖也去了。这期间,段家三小姐段式巽也到了合肥,见李家晖长得聪明伶俐,十分喜欢,就提出要带他去南京自己家玩几天。李氏夫妇鉴于段三小姐夫妇那时没有儿子,只有一个女儿(袁缉弟,又名迪新,1921年生,退休前为中学英语教师,现在上海家中安享晚年。不过袁家鼐与如夫人杜氏以后生了儿子叫袁缉春),又真心喜欢自己的儿子,没假思索就同意了。

段三小姐是段祺瑞与继配夫人张佩蘅所生,张氏是袁世凯的养女,段三小姐嫁的是袁世凯的五弟袁世辅的孙子袁家鼐。但袁家鼐性格内向,从不出去工作,全靠吃家当,段三小姐就尤其希望有个男孩子。她将李家晖带入他们在南京的家后,关上门就告诉他,他是袁家的孩子,从此改名叫袁缉辉。3岁的孩子相信了,从此称她为娘。等到李国源夫妇上门领孩子的时候,段三小姐却怎么也不肯交还了，声言："你们要把他带回去，先拿手枪把我打死好了！"

段三小姐不是拿手枪吓唬他们的，她还真的玩得起手枪。段祺瑞住在北京"空府"时有一度处境危险，还亏得三小姐日夜持枪守卫在侧。陈琪玉没有思想准备，哪里舍得把亲生儿子送给别人？两个妈妈一时争得不可开交。僵持中，李国源对妻子讲，他们没有男孩子，喜欢家晖是很自然的，家晖在袁家也不会吃亏的。何况，三妹身体这么弱，待她以后去世了再要回来也不迟……于是李家晖就真的成了袁缉辉。但是陈琪玉仍是放心不下，在李家晖过 10 岁生日时，给了他最衷心的祝福，并且设法让他知道，他的确是李家的孩子……

也不知李家晖小时候长得到底有多灵气，弄得两个妈妈为他的"名分"争来抢去，真是操碎了心。从此他虽然生活在袁家，但李家的兄弟姐妹仍把他当自家人，相互间时有来往。新中国成立之前的几年，袁家鼐、段式巽夫妇搬到苏州去住了几年，袁缉辉仍在上海读书，就回到李家住了。在后来的三年困难时期，他的亲生父母在香港，十分关心在内地的子女，常给他们邮寄食品，袁缉辉也有一份。直到袁缉辉在复旦大学工作以后，那时养父袁家鼐已经去世了，才又把段氏母亲接来，一起生活了一段时间。

段三小姐虽性情刚烈，但喜欢中国古典文学，曾请了晚清时代的旧文人来家讲解《左传》和《聊斋》。她尤其喜欢国画，请了老师汪声远教她学石涛的泼墨笔法，所以无论他们家搬到哪里，房间里总有她的一个大画桌。来往的朋友不是清朝遗老，就是国学根底很深的老学究。这些对袁缉辉文人气质的形成，当不乏影响。所以说起家庭出身，别人至多是双重豪门，而袁缉辉则是李家、袁家、段家，近代中国的顶级三重豪门。

谁知人算不如天算，后来李国源、陈琪玉夫妇分别于 1974 年和 1965 年病逝于香港，而段家三小姐段式巽病恹恹地却活到了 1993 年，享年 92 岁高龄，病逝前为上海市文史馆馆员。到了晚年她的画已经画得很不错了，还常有人来向她索画。那套著名的居仁堂款彩七夕图餐具（即袁世凯当皇帝时定制的洪宪瓷，底部镌有红色篆书“居仁堂制”，共 102 件，每一件都用纸包好，放在一个专门的大箱子里），最后就是从她屋里搬出来，经她手捐献给故宫博物院的。据说这种洪宪瓷总共只有 3 套，每套 100 余件，这是唯一保存下来的一套。可见其非等闲之物。

李家晖也好，袁缉辉也好，按名分都应该是段祺瑞的外孙。段祺瑞只有一个亲生儿子叫段宏业，在 1933 年段祺瑞南下上海的时候没有跟来，仍住天津，负责打理段家在北方的产业。随老段来沪的是他的侄子段宏纲一家和段氏的几个小姐。除了段家大小姐段式萱与五小姐去世得早些外，段二小姐段式彬嫁的是安徽人张道宏（曾任国民政府农林部司长），段三小姐即袁缉辉的养母段式巽，段四小姐段式筠嫁的是中国实业银行的总经理奚伦（即奚东曙），六小姐段式荃嫁给了湖南人傅霖。

袁缉辉与二姨的独子张中柱及四姨家的次子奚会凯很要好，从小一起玩，因为年龄一样大，都是属羊的，各相差 3 个月。袁缉辉最小，是个“羊尾巴”，总是跟在两个哥哥后面转。奚会凯和哥哥奚会旸后来都去美国了。奚会凯还成了著名科学家，参加了 1969 年登月的美国阿波罗宇宙飞船的研制，他的名字被永久地留在了月球上。张家儿子张中柱后来也去了美国。

袁缉辉回到上海霞飞路亲生父母家时，读的是复旦中学。巧的是袁缉辉就读的那所复旦中学，前身就是李鸿章的上海祠堂。他和同班同学的毕业照也是在祠堂的正殿前拍摄的。他稍不留神就又跟李家搭上了界。这个正殿现在还在，只是周围的辅助建筑都已不存。新中国成立之初，上海市市长陈毅为复旦中学题写校名，也有袁缉辉积极奔走的一份功劳呢，可见活动能力之强。

连跳两级的王家二小姐

袁缉辉的夫人王爱珠的老家在南京，父亲王秉星是工商业者，祖上就已在南京经商了，全面抗战之前经营两家饭馆，是户典型的殷实人家。

王爱珠6岁那年全面抗战爆发，全家人扛着行李随着逃难的人流涌出城门，往乡下“跑反”。日本人打到南京，制造南京大屠杀的时候，她和家人逃到江苏六合县她外婆的一个亲戚家里避难。那时日本人到处扫荡，妇女们都把脸抹上煤灰，东躲西藏，一日数惊。她拉着妈妈王慧君的衣角，跟着大人跑，一刻也不敢放松。最紧张的时候他们全家白天躲在地窖和草垛里，晚上才敢出来。有一次日本人来村里扫荡，他们赶紧钻进附近的一个草垛里。日本人的叫喊声就在耳边，明晃晃的刺刀在草垛上乱捅一气。幸亏草垛很厚，没有伤到人，也没有被发现，否则后果不堪设想。

几个月后，他们回到南京，发现他们的“万乐”和“京华村”两家店铺和十几间房子全被日本人烧掉了，财产也被劫掠一空，从此家境日衰，只好开个小茶馆。后来小茶馆也开不下去了，就开个小杂货铺维持生计。

父母整天为了生计发愁……这段童年的经历，给王爱珠留下了终生难忘的印象。

她在家是老二，姐姐王爱珍比她大两岁。可是她从小聪明伶俐，头脑反应特别灵敏，上进心又极强，读书对她来说简直小菜一碟。人家小学读六年，她连跳两级，四年就读完了，毕业于秦淮河畔的夫子庙小学。人家临考试时总是要开夜车，她从来不用开夜车，因为上课时老师讲的内容，她听一遍，复习一两遍，就全记住了。进入中学，她读的是南京市商业职业中学，仍旧保持了优异的学习成绩，每次考试都名列前茅。初中毕业时，她是全校第五名。别人都很夸奖她，她却很不满意，一定要考第一名。到了高中毕业的时候，果真让她夺取了第一名。

1949 年，她在职业高中毕业，准备考大学。当时职业高中是不读物理、化学和生物的，而高考却必考数理化和生物。她并不气馁，就把姐姐读过的高中课本拿来“啃”，短短几个月时间，她自修完了人家要三年才能读完的理化生课程，居然一举考上在芜湖的安徽大学！

她那时不仅成绩好，而且口才也好，常参加一些社会公益活动，大家都说她是个当律师和外交官的材料。在中学，她参加社会募捐活动时，每次募捐回来，总是她所在的小组收获最大，得款最多。人家问她们有什么经验，同组的同学就会说：“我们有王爱珠呀，她的嘴巴真会说，说得很感动人……人家被感动了，就拿钱出来了。”

在报考大学时，她那特好的口才又一次显示了“威力”。按照当时的规定，职业高中的毕业生毕业后必须工作三年后才能报考大学，而王爱珠不肯买账，她在报名处跟人家“泡蘑菇”，七说八说，把报名处的老师说得心软了，终于同意她报考。她也很争气，顺利考入了安徽大学。

激情燃烧的岁月

中华人民共和国成立后的第一届大学生，与年轻的共和国一样，充满了激情，充满了理想，时时处在革命运动的洪流中。那时书本知识似乎远不如革命运动来得重要。在全国大规模开展土地改革运动时，大学生，这支可借用的青年生力军，也就成了运动的生力军。

王爱珠就读于安徽大学农艺系，没读几天书，就被安排下乡参加土改运动，成了土改工作队的队员。他们去的地方是安徽最穷的地方，是安徽北部的霍邱县和寿县。当地老百姓常年吃不饱、穿不暖，有半年的口粮是靠地瓜和野菜充饥。为了表现革命青年的英雄气概，学生们早晨5点就起床，各自背着背包，拎着行李，迈开双脚，不乘火车，步行前往，一直走到晚上7点才歇脚。他们硬是从芜湖走到了目的地。王爱珠和一些女同学腿都走肿了，但谁也不叫苦。那是个以苦为荣，以苦为乐，从不叫苦的英雄时代。

土地改革是要斗地主的，要发动农民起来揭发和清算地主的罪行，要打土豪，分田地……可是王爱珠他们所到之处根本没有地主，处处都是贫瘠的土地和低矮的农舍，想象中的地主庄园根本没有出现。既然揪不出地主，那就只好“狠挖”富农了。结果这个地方充其量只“挖”出了个把富农，这就使得运动的火药味减轻了许多。由于她历来就是学生中的佼佼者，功课好，待人和气，肯吃苦，人也长得秀气而精神，在一帮子大学生中，是当然的学生干部和被崇拜者。土改中，她的工作就很不轻松，开会、记录、整理材料、汇报、交流情况……

当地农民生活的贫困和土改工作的艰辛，给年轻的工作队队员留下了深刻的印象。整整半年时间，大家都是住在农民家，睡地铺，吃红薯、高粱，还要开会、学习、参加田间劳动。要说吃米饭也算吃了一次，那是一碗绿豆米饭。所以半年后，大家回到城里，看着眼前的白米饭都觉得刺眼，不知不觉一碗下肚，吃了一碗又一碗。

这对王爱珠来说，又是一段难忘的经历。她在想，工作队之苦只是苦了半年，而农民之痛，那要痛到何时？那时袁缉辉也考上了复旦大学经济学系。复旦大学也是要参加土改的，巧得很，也是到安徽，他跟着队伍来到了安徽灵璧县。火车只开到凤阳站就全体下车，然后步行 100 余里地前往目的地，到了五河县，也为期半年。

有了这样的亲身经历，使得他们对农村的现实情况就有了一些真实的了解。中国大地，远不是大上海的灯红酒绿，也不是秦淮河边的杨柳笙歌……或许从那时起，他们就在用“自己的”眼睛看问题了。在后来的三年困难时期（当时叫三年自然灾害时期），面对他们的学生从家乡带回的、诸多骇人听闻的消息时，他们并不感到很陌生。

当时他们都在皖北，都是土改工作队的队员、学生干部，只是擦肩而过。从 1949 年到 1951 年，两年中只上了一年课。这期间王爱珠感到自己不太适合农艺专业，申请转到了经济学系。一年后的1952年8月，全国高校实行大规模院系调整的时候，他们才在上海相遇。

相遇在美丽的复旦校园

1952年的院系调整是全局性的，国家对整个高教资源来了个重新调兵遣将、重点布阵，意义是深远的。国家出于大规模开展经济建设的需要，急需高品质的经济人才，把原先震旦大学、金陵大学、南京大学、安徽大学等大学的经济学系，统统合并进复旦大学经济学系，集中办学，组成了一个规模空前的大系。教师有几十位，学生200多人。在此背景下，原在安徽大学经济学系读书的王爱珠，就来到了美丽的复旦校园。

系里把学生分成两个组，有学计划的，也有学理论的，王爱珠和袁缉辉都分在了理论组。

王爱珠永远是引人注目的，到了复旦，学习成绩依旧名列前茅，是系里的尖子。她敏捷的思维和善辩的口才，常得到老师的表扬。她喜欢提出问题、思考问题，讲话又快，人称“机关枪”。那时的教学讲究启发式，经常举行课堂讨论会。年轻人心直口快，各抒己见，互不相让。王爱珠的发言，总能牵动教室里各个角落的目光。袁缉辉有时也能跟她叫叫阵。

或许是不打不成交，袁缉辉慢慢开始注意起这位不肯服输的来自安徽大学的少女。她那严谨的逻辑推理，机智、幽默的表述，有时配以爽朗的笑声，在他听来，竟是那么动听，胜过最好的音乐。后来他发现，王爱珠家里经济条件不是太好，生活很俭朴,学校假日里组织去杭州旅游,每人只需交3元钱,她也舍不得,宁肯省下来买《资本论》。

王爱珠喜欢看书,而且专爱啃那些大部头的马列主义原著,而不像一般女孩子那样喜欢梳妆打扮,喜欢逛马路!这是一个重要发现。于是,复旦才子就采取了有针对性的帮助手段。诸如买来《列宁选集》四卷本、《斯大林全集》精装本等著作,送给安大少女,这自然令安大少女非常感激。那时"三重豪门"虽然不存在了,但"瘦死的骆驼比马大",家里还是有不少"余地"的。不过那个时代是个助人为乐大家都习以为常的时代,"人人为我,我为人人"嘛!同学之间互相帮助的事情是常有的,不必事事关情,样样上心。王爱珠业务上很灵敏,这个时候不知怎么却变得迟钝了些,没悟出什么弦外之音,这令小伙子多少有些懊丧。

不过不要紧,日子还长着呢。每天晚饭过后,同学们都不约而同地向学校图书馆走去,或看书,或做功课,或整理上课笔记,直到图书馆关门为止。当王爱珠从图书馆走出来的时候,常常会"碰巧"与袁缉辉同路。因为男生宿舍德庄在女生宿舍淞庄的后面,所以客观上袁缉辉总是把王爱珠送到了宿舍门口,才独自再走。一路上,王爱珠关心的始终是似乎永远也研究不完的课题,袁缉辉只好附和着讨论讨论,不过再也没有金戈铁马之声了。他们不知"同路"过多少回了,复旦才子始终没有机会把真正要说的话吐出来。

这也难怪,在那些轰轰烈烈搞运动、人们的脑筋整天围绕会议转的年头,热血青年都以政治上进步为荣。谈恋爱嘛,总有点像是不和谐音,难以启齿。所以直到他们大学毕业,他们之间的这层窗户纸始终没有捅破。当然,撞击年轻人心灵的不光是爱情，那个时代还有一些特有的严重问题。

大学期间，王爱珠碰到了家庭的一个重要变故，全家的支柱她的父亲去世了。在其父病重的时候，她曾接到过家里的来信，希望她能回家见上一面。那时她的姐姐王爱珍、弟弟王吉庆，也不在老人身边，接信后立即回到老人身旁。王爱珠当时正处于毕业前复习迎考的关键时刻，她不便回去，就回了封信安慰了一下，没有回家，想等考完试以后再回去看望老父。可是还没等考试考完，就传来了父亲的噩耗。她后悔至极，伤心至极，忍不住哭了起来。这种情况，现在无论是谁，都会觉得是人之常情。可惜在那时，在政治空气"浓"到有些令人受不了的时候，什么样的奇谈怪论都会出现。

系里一位做学生工作的领导就对之不以为然，说什么："斯大林去世的时候没有看见你哭嘛，你现在为什么要哭啊？这是什么思想感情啊……"说话人似乎是把斯大林当成父亲了，还指望别人也把斯大林当成父亲！这给了王爱珠极大的刺激，她有些迷惑了——难道父女亲情有什么不对吗？革命难道连父女亲情也要革掉吗？对革命领袖的崇敬有必要代替亲情吗？自己是那么积极要求上进，积极靠近组织，可是眼下，为什么组织变得这么陌生而冰冷了呢？她想不通，她不知所措，心里非常难受，一来为父亲，二来为自己，不知自己犯了什么错。

袁缉辉也遇到了巨大的困惑。"三反"运动的时候，学校里发动学生批斗有"问题"的教职员。青年人要冲锋在前才是优秀者。袁缉辉被指定为"青年突击队"的队长，他按照上级的部署，对学校保健科的科长发起进攻，揭露他的"问题"，组织学生进行批斗……可是斗来斗去，后来又说那些"问题"都不是真实的了。

这真是令人啼笑皆非。既然那些“问题”不是真实的，那为什么还要叫学生去揭发、去批斗呢？回过头来又要纠正，这不是白白浪费时间和精力吗，又伤害了人家的感情！袁缉辉在运动中逐渐知道“政治”是怎么一回事了，知道“政治”的厉害了，像他这样出身于官僚家庭的人，而且是“三重豪门”的后代，本不该管那么多事情的。慢慢地，他变得“斯文”了。

毕业那年，系里总共留校了 3 个学生，王爱珠、袁缉辉占了三分之二。

小小爱巢的诞生

留校的都是最有培养前途的学生。袁缉辉留校在马列主义教研室任教师，以苏共党史为基本教材，教马列主义基础课，不久就被派到北京中国人民大学研究生班进修，一去就要两年时间。王爱珠则留在经济学系，给蒋学模教授当助教，除了上辅导课，还给其他系学生开“政治经济学”课。这样他们势必一南一北，两年中难得一见了。那层“窗户纸”就不得不被提上了议事日程，真是到了很紧急的关头。

既然当面不方便说，那就信中倾诉吧。袁缉辉到了北京立刻写信，真情的流露从点点滴滴，旁敲侧击，到万川归海，波涛汹涌……他一天一封信，“连番轰炸”，每天算好时间，按时把信投入学校旁边的四道口邮局的邮筒。还好，终于有信来了。尽管是每 7 封信才换回一封信，这已经是不小的胜利了，能为他带来一周的快乐。他能算得出，什么时候他的信该被收到了，什么时候该有回信了。如果收不到回信，他就有些犯愁了，不知出于什么原因,是她病了,身体不舒服?还是去信没有收到?还是……

其实初任助教的王爱珠,工作上的繁忙是始料不及的,她是蒋学模教授的助教,势必一切都要跟上教授的步伐。20 世纪 50 年代提倡面向农村、面向基层、面向厂矿,教师就常常要带学生去工厂和农村,与工农打成一片。至于自己业务的真正提高,大多要靠业余时间。

他们鱼雁往还了一段时间。1955 年初,学校放寒假时,他们终于筑起了自己的小小爱巢。他们结婚的过程简单得不能再简单,就是自家人一起吃了顿饭。一来那时风行勤俭节约,一切都讲究革命化;二来当时他们自己的确也没有钱,连结婚照都没有钱拍。他们向学校借了一间房间,一张床,放上李家和段家两位母亲各送的一条缎子被,还有系主任朱伯康教授、蒋学模教授合送的一套餐具,就是全部的家当了。

过了一段时间,两个人的工资都提升了一级,学校里给每人补发了 30 元钱,这可是一笔不小的收入。他们到万象照相馆拍了一张合影照片,虽然穿着普通的衣服,但是也算不错了,权当补拍的结婚照。他们又来到南京路,花了 50 多元为王爱珠买了一块手表,上课好掌握时间,在此之前,她还从未带过手表。剩下 5 元钱,他们非常“奢侈”地来到位于外滩的和平饭店,要了两碗饭和虾仁炒鸡蛋、粉蒸肉等。毕竟是高级饭店,那饭菜的味道真是好极了,两个人吃得心满意足,至今难忘。

把思想问题当成反革命,这样好不好?

20 世纪 50 年代的高校,学生读不了多少书,教师上不了多少课，而整天要忙着搞运动，要不就是要忙着下厂、下乡，忙完了三夏劳动还要忙三秋，若不去三夏劳动就要去厂里战高温……还随时有可能下达紧急任务，去搞什么调查、“蹲点”、总结什么经验、写什么报告……好像老师学生待在学校安静一会儿读读书，就一定是躺在“资本主义温床”上似的，有关方面就一时一刻也不能放心。从那段时间过来的老师们，常常无限感叹地说：“那时真的是浪费了大量的时间。”

如果真的仅仅是劳动倒也罢了，问题常常还要弄到性命交关的程度。肃反时，青年教师都是依靠对象，被当作革命动力，领导们引导大家去批斗老教授，似乎是越老越反动，越是年轻就越革命似的，不知是何逻辑。其实这时就已经有后来“十年浩劫”的雏形了。

1955 年肃反时，王爱珠被抽去整理材料，负责把那些“反革命分子”和“历史反革命”的材料整理、汇编起来。这期间她看了大量的材料后，产生了一个疑问，她觉得从有些“反革命”的言论上看，并非都是立场问题，而是一般的思想认识问题。而把这些思想认识问题都当成反革命问题处理，这样好不好？符合党的政策吗？有利于团结大多数吗？这样反革命不是越来越多了吗？如果“反革命”越来越多，这样对革命事业究竟有利还是不利呢？

随着肃反扩大化问题的出现，她越来越感到问题的严重。于是，本着对人民负责的精神，她大胆向报纸投了一篇稿子，题为《思想问题与反革命问题》，表明了自己的看法，指出这是一种有害的倾向，应当引起警惕。一般情况下，运动中的人们都是宁“左”勿右的，生怕戴上立场不坚定的帽子而落伍，大家都争先恐后地当"左"派。而王爱珠，不屑于去当那种"左"派，坚持讲真话，敢于亮出自己的观点，勇于唱点反调，这在当时是极其难能可贵的。

文章发表后，重庆人民出版社还将其收入了一本小册子，表明这的确是反映了当时的实际问题，受到了基层党的工作者的欢迎。这篇文章还使他们获得一个意外的惊喜——收到了30元稿费！这可是笔不小的收获，要知道那时普通人的月工资才36元。直到这时，她才去买了一件稍好些的衣服穿。想当初结婚时，还没有买过一件好衣服呢。

袁缉辉回校后，仍在马列主义教研室当教员。他不愁业务问题，只担心政治问题，处处得谨慎小心。像他这样出身不好的人，立场稍有不坚定，就有可能被划入"另册"，所以在政治上的表态，哪怕跟学生们的讲话，都绝对是要"提高警惕"的。好在那时人与人之间的斗争还不像后来"文革"期间那么如火如荼，那么铺天盖地、毫不留情，复旦大学的领导还是重用这位豪门之后的。能够送他去人大进修，能够让他担任政治课教师，这已经就是不错的政治待遇了。但是随着政治运动的深入，每天刮什么"风"，有时甚至连复旦的领导也无法预测，何况袁缉辉当时这么一个无名小卒。

复旦大学之在上海，就像北京大学之在北京一样，历次运动都有示范作用，来势凶猛。1957年兴起的整风运动，要求"鸣放"，后来又要抓有过"鸣放"行为的人，甚至在学生中也大抓右派……袁缉辉再谨小慎微，再处处防范，但作为政治课教师，这都是无法回避的大是大非问题。这就给他出了大难题。

上面布置要大家"鸣放"的时候，他正在物理系四年级教马列主义基础课，这个年级又被当作运动的“突破口”，政治任务异常繁重，大会小会地发动大家“鸣放”，讲真话，提意见。不多久上面又不要“鸣放”了，反过来要抓“右派学生”，要批判右派言论了，他该怎么办？学生们当然不服气，说“是袁老师叫我们说的！”袁老师自是逃不脱了，大有被打成右派的可能。谢天谢地，当时的复旦大学党委宣传部部长吴常铭（兼任马列主义教研室主任，后来任副校长）还是了解他的情况的，也有实事求是的办事风格，在暗中保护了这位豪门子弟，使他在这次大风大浪中有惊无险，总算是天大的侥幸。

反右后，学校说是为了克服青年教师脱离政治的倾向，派一批教师到学生中任辅导员，名之为“双肩挑”。袁缉辉被派往历史系，先后兼任 1961 届和 1964 届辅导员近 4 年。

1958 年，外地学生假期返校后，反映的家乡农村的实际情况，从而引发了学生们对“三面红旗”的种种议论和怀疑。对于农村的大锅饭，用不着听学生们的叙述袁缉辉也知道，因为他本人就无数次地下过乡。复旦人常去上海郊县“蹲点”。那一阵农村人民公社大食堂吃饭不要钱，一个包子有碗口大，一个人其实吃一个就吃饱了，但有的人竟要吃七八个……这种情况自然不会长久，人民公社很快就被吃穷了。穷了还不能讲实话，还要讲“形势大好”，打肿脸充胖子。上海郊区尚且如此，各地农村后来有多少人挨饿，那还不是明摆着的事吗？但是那时候是不允许讲实话的。袁缉辉自己都想不通，如何去说服学生？于是在学生的“思想问题”面前只能节节败退。据当时他的学生回忆，袁老师曾非常气短地对学生们说：“三面红旗也不是都不好的，也有一点好的……”底气还不如学生足。

朝气蓬勃的“蒋学模之流”

王爱珠很快就展现了她很强的在学术研究方面的才能。

由于新中国成立初期的高校政治经济学教材，都是采用苏联的教材，数年后发现与国情相距太远，久之有诸多不便，所以上海有关部门决定抽调精兵强将，组织一班秀才，自己编写教材。于是，从各高校和研究单位抽调了一批人，有教哲学的、政治经济学的，也有教党史的。王爱珠就是被抽调参加政治经济学教材编写的秀才之一。从1959年到1961年，正是国家面临三年困难时期，她得以出入上海滩顶级的花园洋房丁香花园，参加了由姚耐、雍文远、蒋学模和苏绍智等任主编的《政治经济学教材》编写组。

那是一个庞大的工程，全国共有14个单位参加了编写初稿。1960年春天，这支队伍集中在北京进行综合评比和交流。其中有几本教材，包括王爱珠所在的上海组编写的《政治经济学教材（社会主义部分）》，经过修改，在1961年出版。尽管在当时的情况下，此书必然带有一些“左”的思想路线色彩，但这毕竟是在摆脱了苏联的框架之后，中国自编的第一部权威性的政治经济学教材。在这个过程中，王爱珠思维敏捷，出手很快，工作责任心强，今日事今日毕，计划好的事情绝不拖到明天，这都给领导留下了深刻的印象，同事们都称她为复旦才女。所以后来遇到编写政治经济学方面的教材或辞典之类的项目，组织上几乎不假思索地就会把她调去。

那时她家住在复旦宿舍，到城里要换乘好几趟车，往返很浪费时间，于是组织上就安排编书组成员住在丁香花园里。丁香花园原先是李鸿章的小儿子李经迈的花园，李经迈的大哥李经方，正是袁缉辉的嫡亲伯祖。花园里小桥流水，曲径通幽，花香四季，的确是个适合写文章的好地方，后来几经转卖，新中国成立后归中共上海市委宣传部和组织部。王爱珠前来编书，不知不觉又跟李家搭上了界，好像步入了李家的大宅门。

那时她已经是一个孩子的母亲了，自己每周才能回家一次，孩子只好请住在南京的母亲王慧君前来照顾。

后来她的姐姐王爱珍也需要人去照顾孩子，当母亲的又赶去照应，在后来的几十年中，王爱珠的母亲始终是他们这个小家庭的坚强后盾，除了照管好两个孩子，还要安排好一家人的生活，让女儿女婿能全力以赴地投入工作。在经济最困难的时候，她宁可少睡些觉，凌晨3点多钟就起来到菜场排队，为的是让外孙和外孙女每天能吃上一个鸡蛋、喝上一杯牛奶。

20世纪60年代初是个饥饿的年代，买什么东西都要凭票，诸如粮票、布票、蛋票、豆腐票、香烟票……吃饭还要按定量。丁香花园里景色秀色可餐，可并不能真的当饭吃。那时的作风都是讲究革命加拼命的，秀才们每天拼命到深夜，肚子里没有东西可不行。好在当时的领导知道应当如何关心群众生活，于是特批，给秀才们免费供应伙食。这下可好了，家里4个人的粮食定量可以3个人吃了，这为一家之主的确又解决了不少实际困难。60年代上半期，除了集体的科研项目，王爱珠自己的研究重点尽量面向那些与农村的实际情况相联系的问题，她写了《谈谈社会主义制度下的级差地租》《经营管理好坏是产生级差地租的因素吗？——与汪旭庄等同志商榷》《关于按劳分配的客观必然性》

和《集镇手工业生产要进一步面向农村》等论文，体现了高度的职业责任感。除了科研工作，她的教学工作永远是出色的。作为著名教授蒋学模的助教，她的“社会主义经济研究”课受到了学生们的广泛欢迎。1960年，他们夫妇都从助教升为讲师。

1965年，在北京召开的全国高、中等学校政治理论课工作会议期间，中共中央领导要接见高教系统的优秀教师代表。上海高校仅仅选送了两名教师，复旦大学一名、华东师范大学一名。复旦的代表即王爱珠也。当时在北京的中央领导如毛泽东、周恩来、彭真、贺龙等都出来了，给了大家极大的鼓舞，还一起合影留念。那时能到北京受到伟大领袖的接见绝对是件惊天动地的事情，虽不如后来“文革”中那样发展到极度的个人崇拜，然而“热度”也是不低的。

王爱珠的种种积极表现，在后来的十年浩劫中就被斥为“蒋学模之流”。就连那张受到伟大领袖接见的集体照片长卷，也被红卫兵抄家抄走了。红卫兵看见其中有彭德怀，就训斥她：“你为什么不把它撕掉?”王爱珠说：“上面还有毛主席呢！要撕，你去撕吧!”尽管那时红卫兵牛气冲天，最终还是没敢把带有毛泽东的照片撕掉。

“大革命”中的小家庭

十年浩劫开始以后，袁家小屋再也无法保持安宁了。

抄家风刮起来的时候，他们已经预感到这次运动来势凶猛，早早地就做了安排，把段氏母亲与他们同住时带来的红木家具以及银器、瓷器、字画、照片等东西，凡是估计有可能被认为是

"四旧"的,统统搬出去上交组织了事。段氏存在女儿那里的一些文物和首饰,这时也像摆脱瘟神似的,赶紧上缴了事(其中有一套漂亮的银餐具,包括杯、盘、碗、筷、粉盒、肥皂盒、果盘等,每一件的底座下面,都刻有袁世凯的头像,大大小小装了一铁箱。此系袁家旧物无疑)。所以等到红卫兵上门抄家时,只抄走了一些书籍,家中已经没有什么好"打扫"了。

历次运动,谁是革命的动力,好像是以年龄来划分的,越年轻似乎就越革命,凡是"小将"总是革命的。20 世纪 50 年代,他们夫妇也曾经被推为"革命的动力",而这时,他们已经步入了中年,那就只能成为革命的对象了。按说,他们夫妻两个,一个是政治课教师,专上马列主义课的教师,突出了业务也就是突出了政治;另一个是专门研究和编写社会主义政治经济学教材的,上课也是专讲社会主义经济的,应该算是够"突出政治"了吧?但是不行,上缴了"四旧"也还有"罪行"要清算。比如,袁缉辉为亲生父亲作担保,就是一大罪状。

那是 1957 年的事情,袁缉辉在香港的亲姐姐李家晋和亲哥哥李家昶、李家景,要把父母接去香港养老,出境时要找一个担保人,要担保他们把通行证按时寄回来。袁缉辉的生父李国源就叫儿子袁缉辉以外甥的名义为其担保,后来通行证也按时寄回来了,如此而已。就这点事,竟被上纲上线为"包庇反动父母叛逃",遭到批判。

王爱珠在学校里名气更大些,过去就引人注目,"问题"也就更严重些,诸如"蒋学模之流""杨、王红人""修正主义的苗子"等帽子总是跑不了的,批来批去的没个完,无聊透顶。当然,身在运动中,不能不随之浮沉,别人写她的大字报,她也写别人的大字报,否则怎么叫参加运动呢！所谓“杨、王红人”,杨、王分别指中共上海市委分管文教工作的副书记杨西光和当时复旦大学党委书记王零。因为杨西光曾点名要王爱珠参加1965年在北京的会议;又因造反派冲击了学校的档案馆,他们从学校党委的会议记录上发现,王零曾在一次会议上提议,应破格将王爱珠提拔为副教授。如此而已。

这期间,除了无休止的政治学习和派系斗争,还常常要下乡劳动,每年的三夏和三秋是少不了的,另外还有五七干校、长途拉练,所以他们去过很多地方,崇明、奉贤的农场,宝山的乡镇,江苏望亭,在农村插秧,整天泡在水里,腿都泡肿了。起早贪黑地割稻、割麦,三天下来,腰都直不起来,两条腿像两根棍子一样,走路不听使唤。还发生过紧急战备的事情,上面一声号令,下面就要紧急行动,打起背包来到宝山农村。那时他们的女儿还很小,在春节期间,只好带在身边,一起到农村去备战。

最令全家感到震惊的是,在“一打三反”“清理阶级队伍”运动中,竟还有人诬蔑王爱珠参加过国民党！为此工宣队居然大搞逼供信,把这些被怀疑的人隔离起来办学习班,两个星期不许回家。据说怀疑的根据仅仅是因为她是南京人,中小学是在南京读的,而南京是国民党的老窝,中小学里有大量的国民党党员……他们可以毫无根据、毫不负责任地任意怀疑人,任意关人。工宣队公开对王爱珠说:“只要你承认了参加过国民党,就放你回家!”王爱珠还从未见过如此无耻的“革命者”,没领略过如此蠢笨的“革命手段”。她坚持自己是清白的,始终否认对她的指控。但你不承认就不让你回去。王爱珠想,这可是大是大非问题,不能上他们的当,不让回去就不回去好了,反正自己心地坦然,不做亏心事,不怕鬼敲门,随你们怎么办好了。

但是有的人被逼得吃不消了,违心地承认了,但事后又后悔了,不久又推翻了,结果招来更大的压力。在重压下只好再承认。这样反复地承认了又推翻,推翻了又承认,搞来搞去,把人的精神搞得崩溃了,直至精神失常自杀。类似这样的人间悲剧,"文革"中不知有多少。

大人的事情还好说,十几年来运动也经历得多了。但他们万万没想到,大人的事情无形中对孩子也造成了极大的伤害。那时他们的儿子袁玮(又名袁道唯、李道唯)才 8 岁,女儿王玮(跟母亲姓,又名李道薇)才 3 岁,他们刚一懂事就撞上了"文化大革命"。学校里无论是教学区还是生活区,所有街道和楼房都被大字报和大标语所包围,红卫兵到处冲冲杀杀地"闹革命",想革谁的命就革谁的命,想造谁的反就造谁的反。昔日受人尊重的老教授和老革命,转眼就成了敌人,头颈上挂着黑牌子在街上扫地,抄家、揪斗更是司空见惯,到处都充满了恐怖的气氛。家里大人们进进出出,也总是一脸的紧张或愁容。

由于家庭出身特殊,他们从小学起就背上了沉重的思想包袱,走在街上也会有人在背后指指画画,说他们是袁世凯的后代。袁道唯喜欢文科,最喜欢上历史和语文课,但是怕听到讲辛亥革命,因为一讲到辛亥革命,就会出现袁世凯这个名字,就会引来各种使人难堪的目光。那时候还经常要填表格,每当在学校里填表格的时候,也是一件令人难过的事情。看见别人可以骄傲地填上工人、农民或是革命家庭,那是光荣的出身,他羡慕极了,而他只能填教师或是职员。表面上这也没什么不光彩,但是他知道,父亲在填表的时候,家庭出身一栏是填反动官僚的。

这对于尚未成年的孩子来说，心灵之痛是难以想象的。

这种政治上的压抑，还影响到孩子后来专业的选择。袁道唯的文科功课在全校是最好的，他很希望在高考时能够读文科。可是他的父母实在是被运动搞怕了，认为文科离政治太近，太容易碰上问题，所以坚决不同意他报考文科，最后选择了介于文理科之间的医科。在他进入上海第一医学院读书的时候，中国开放的步伐大大加快了。袁缉辉在香港的哥哥、姐姐决定帮助袁道唯出国留学。这样袁道唯就在两个伯父的资助下，中断了在上海医学院的学习，1981 年到美国读书，获南加州大学工程学硕士与哲学博士，并做了 2 年博士后研究，现在是爱立信（中国）有限公司总监、商业咨询，但是他始终保持了对文史的偏爱，业余时间，还常常泡在史海里。

开拓社会学领域的三个“第一”

他们真正心情舒畅地过上正常人的日子，还是在粉碎“四人帮”、改革开放之后。

尤其是 1978 年党的十一届三中全会召开之后，国家全面开始拨乱反正，科教兴国的战略得到进一步确定，科学的春天来到了，知识分子的春天也终于来到了。袁缉辉多年来奉行“夹着尾巴做人”，才思得不到发挥，在这个政治空前清明的时代，他像是回到了青春时期，思维格外活跃起来，工作的创造性也进入了一个空前的解放时期。

十一届三中全会以后不久，邓小平在一次理论工作务虚会上指出，社会学和其他几门学科“我们过去多年忽视了，现在也需要赶快补课”。根据这个指示，在20世纪50年代被列入资产阶级学术范畴、受到批判的社会学研究，重新被提到议事日程上来。第二年，在北京召开的中国社会学座谈会上，老一辈的专家们提出了在大专院校中恢复和建立社会学系的建议。与此同时，上海的哲学社会科学联合会也召开了相应的座谈会，讨论如何在上海开展社会学的研究问题。

当时正处在拨乱反正的关键时期，会多、事多、主意多、建议多，“文革”中遗留的问题多如牛毛，诸如平反冤假错案、落实知识分子政策等，积重难返，百废待举。类似务虚性的座谈会一天到晚不知有多少，凡是不属上级规定的硬性指标，少有人起劲。社会学研究的事也是这样，会上大家都认为很重要，要恢复，说说容易，但是要具体落实，要排除各种困难，从无到有地创建起来，那就事在人为，看个人的眼光和魄力了。袁缉辉恰恰具备了这种难得的学术前沿性的战略眼光和踏踏实实的开拓精神，抓住了改革开放、政治清明的大好时机，在社会学的领域里，连创三个“第一”，为推动社会学学科的建立和研究，立下了汗马功劳。

关于这三个“第一”的建立，现任上海社会学学会会长、上海大学社会学系系主任的邓伟志教授说得好：“1979年，对非社会学专业的学人来说，是平常的一年，不会有什么特殊的感觉。可是，对社会学圈内的人来讲，则非同小可。1979年，在袁缉辉做社会学研究时，中国的高校中有社会学系吗？没有。1979年，在袁缉辉做社会学研究时，中国的科学研究机构中有社会学研究所吗？没有。没有社会学教学与研究机构，怎么会一论、再论起社会学来？这就是袁缉辉的学术前沿性，也是袁缉辉的政治敏锐性。在这一年,邓小平提出社会学要赶快补课。话是说给大家听的,各条各块是均衡地向下传的。可是,听者不是一起动的。袁缉辉是社会学界走在最前面中的一位。不,当时社会学还构不成'界',充其量就那么屈指可数的几位,他们是先行者。袁缉辉在几位不畏艰险的学者型领导同志的带动和支持下,在'文革'后率先设置了中国第一个社会学系,率先成立了中国第一个社会学研究所,率先创办了中国第一本社会学杂志。也许后来者可以居上,但是,第一永远是第一。袁缉辉的这三个第一,是载入中国社会学史册的。"这段精彩的评述,句句是实话。

除了这三个"第一",在上海社会学学会的筹建过程中,袁缉辉同样投入了大量心血,参加了很多具体工作,并出任副秘书长,后任副会长。学会成立后他分工与上海市总工会合作筹组老年人问题研究会,旨在推进老龄化问题和老年工作的研究,当时就已经将老龄化问题纳入了社会学研究的领域。从此他对老龄化,特别是中国人的养老问题进行了大量深入的研究。同时他还分工与共青团上海市委组建青少年研究会,旨在推进青少年教育、青年就业、防止青少年违法犯罪等问题的学术前沿研究和实际工作。后来这两个专业研究会都发展为市社联的一级学会。

袁缉辉在为第一个社会学系而奔走呼吁的时候,正是恢复高考不久,各地都在扩建办分校的时候。他奉命从复旦大学世界经济研究所(复旦大学在 1964 年将原先的政治系改为国际政治系和资本主义国家经济研究所,袁缉辉在研究所的英国小组。这个研究所就是后来的世界经济研究所)调出,参与筹建复旦大学分校和政治系的艰巨工作。

他是这所新建学校的政治系主任，教学和行政工作都相当忙。在这样的岗位上，这样的时机，他提出了在复旦分校设立中国第一个社会学系的构想，这在当时的确是很大胆、有远见的举措，因为当时的社会学研究，仅仅有了一个好的社会环境，教材和教师都没有现成的，老一代的社会学学者 30 年来吃了不少苦，心有余悸，懒得再“重蹈覆辙”，一切都得从头做起。况且学术界对社会学的恢复和研究，还没有取得完全一致的共识。

当时有一位在 1957 年吃过苦头的社会学老讲师跑到袁缉辉家里来，好心地劝他三思而后行，劝他对当前的形势要有清醒的认识，他分析道：“全国社会学的权威人士费孝通先生 1957 年被打成右派，目前仅仅是‘摘帽’而不是改正；北京方面也只是开开座谈会，大家务务虚，谁也没有真枪实弹地干起来；全国的社会学学会还没建立……这都是信号！将来是个什么气候还不清楚，在这种情况下，你办什么社会学系呀！”

但是袁缉辉是那种有社会责任感的学者，他从“文革”遗留的大量社会问题上，看到了社会学研究在中国的重要现实意义。他对那位老讲师说：“如果国家再搞一次反右的话，国家也要危险了，个人还有什么安危可言！”他是那种一旦认准了一个理就不大肯改变的人，在一些领导的支持下，他还是“一意孤行”地走自己的路，反复向有关方面说明情况，同时运用他多年政治工作的联系网，网罗人才，终于可以放开手脚大干起来了。

要办学，除了教材，最重要的自然是师资队伍问题。没有现成的师资，他就充分利用外单位的教师资源。他骑上自行车，到全市相关高校和科研单位里一个一个地去联系、动员，去“挖”，争取同盟军，将一些德才兼备，同时又热爱社会学的教师和学者争取到系里来上课。好在上天不负苦心人，复旦大学蒋学模、伍柏麟、洪远朋教授，华东师范大学的吴铎、桂世勋、周尚文教授，大百科全书出版社的邓伟志研究员，都曾被请来为社会学系上课。还请来了中国社会学的泰斗费孝通先生，后经教育部批准费老任上海大学的名誉教授，到当时的西江湾路校舍为学生们上课。

1980年3月，全国第一个社会学系在复旦分校诞生了，而这时距北京的社会学座谈会上提出恢复建立社会学系的建议仅仅一年时间，而距上海社会学学会的建立还不到6个月。这期间，为了社会学的正名，澄清在社会学上的模糊认识，袁缉辉还与刘炳福合撰了多篇论文，发表在报刊上，为社会学学科的重建做了舆论上的呼应。

渐渐地，这支队伍开始壮大起来，招生工作、教学工作和科研工作也都得以顺利开展。当全国各地的社会学学会相继建立起来时，复旦分校（后来的上海大学文学院）的社会学系又进一步发展了，袁缉辉又策划成立了社会学研究室，为社会学研究所的建立打下了基础。不久，全国第一本社会学的杂志《社会》也在他与同事的共同努力下问世了，这就在当时形成了教学、科研、出版三位一体的社会学研究架构，这在全国的确是最早，而且是独一无二的。

有了这样一个基础，国际的学术交流也开展起来了。不久，袁缉辉作为访问学者赴美国深造，系里教师又多次参加国际会议和学术交流，这样，就把上海和上海大学的社会学研究，带上了国际大平台。

现在的上海大学社会学系更加兵强马壮了，已经拥有了本科、硕士、博士一套完整的人才教育和培养模式，成为上海高校的重点学科，在全国的社会学专业中处于领先地位。人们饮水思源，总要想起老袁当年骑着自行车，到处奔波寻找同盟军的辛勤身影。

为使老年人生活得更美好

在社会学研究中，袁缉辉曾受到前辈学者兼领导的曹漫之教授的启发和支持。曹先生曾经对他说："上海有几百万退休产业工人，他们为新中国贡献了一辈子，退休后如何过上好日子，是个大问题。应当组织研究一下。"袁缉辉深有同感，因为从他所参加的社会调查和报纸上所暴露出的问题看，老年人面临的生活问题、就医问题以及养老、心理、再婚等问题，的确是个不容忽视的社会问题。而且随着退休职工队伍的扩大，这些问题如果处理不当，将会越来越突出。对于整个社会来说，还有一个老龄化的问题。所以他把自己在社会学领域的研究工作，重点就放在了老年问题上。

他撰写了一系列的文章，如《开展老年社会学的研究是一件大事》《中国对老年社会学的研究》《从战略高度研究老年人问题》等，编著《老龄问题》《老龄化对中国的挑战》《当代老年社会学》和《社会老年学教程》等书，还参与筹建上海市老年学学会。这个学会于 1985 年 12 月成立，是我国第一个地方性的老年学学会，袁缉辉连任 4 届副会长。在 1986 年成立中国老年学学会时，他又当选为理事。

但是理论研究归理论研究，现实归现实，常言道"中国有中国的国情”，理论研究的成果怎样才能促进老年领域的实际工作，理论与现实之间还有很大的差距。你的研究和结论，有关部门理不理你的茬，当不当你一回事，还是个大问题。早先在老年问题上，就是一种分离的状态。如退休金在本单位领，遇到生老病死找民政局，福利待遇要看工会，离休干部由组织部和老干部局管……而普通老年人遇到的实质性问题，往往得不到有效的解决。

针对这种情况，袁缉辉在他的学术活动中，除了介绍老年学的渊源、发展阶段和各个分支学科等，还特别强调了应把“实践和政策”作为老年学的一个分支，把建立一套行之有效的社会保障机制当作一件大事来做。这就要求把老年学与老年工作紧密地结合起来，用老年学的科学理论来有效指导和纠正当下老年工作中的问题。

为此，他在 1992 年下半年，向上海市有关领导提出了由市老龄委与各高校和社会科学院合作建立研究机构的建议。这个建议在第二年得到了落实，先后成立了上海市老龄科研中心，以及 6 个研究所。其中，市老龄委与上海大学合作建立的老年社会学研究所，由袁缉辉首任所长；市老龄委与复旦大学合作建立的老年经济学研究所，由王爱珠首任所长。他们退休以后，改任老龄科研中心的学术委员。与此同时，为了培养高素养的老年工作人员，1990 年，在他的积极推动下，上海大学文学院还成立了老年学培训中心，对全国各地的老干部局、劳动局、退管会、民政局等涉及老年工作的单位干部进行理论培训，推动了老年学基本理论和方法的普及。

在开展老年学研究的过程中，袁缉辉非常注意国际上老年学研究的动态和进展，注意借鉴有益的经验和方法，利用一切机会走出去、请进来，开阔视野，提高科研水准。1983 年 2 月至 9 月，他以访问学者的身份去美国耶鲁大学社会学系从事老年社会学研究工作。1985 年 7 月，又作为中国代表之一，首次参加了国际老年学学会的学术活动，即在纽约召开的第十三届国际老年学大会。此后，又多次参加相关的国际学术交流活动。这些都有效地推动了老年学科研的进展。

当然，任何事情都不会是一帆风顺的。1995 年 3 月，他正在美国探亲，有一天从英文版的《新民晚报》上，看到一篇题为《老龄化还不是大问题》的署名文章，文章无视当下的社会现实，把老龄工作讲得似乎无关紧要。袁缉辉敏锐地预感到，这一定会造成老年工作中的思想混乱。他立即打电话到上海收集各方反映，果真，一些从事老年工作的人感到工作没有前途了。为此，他就在外孙女的摇篮边，坐在小板凳上，写下了专文予以批驳，题目就针锋相对：《人口老龄化问题不能不成为中国关注的重大课题》，在《上海老年报》上发表，《中国老年报》予以转载，取得了良好的社会效果。

从南斯拉夫看世界

当袁缉辉在社会学、老年学的领域里大刀阔斧地突飞猛进的时候，王爱珠的社会主义经济学的研究也步入了一片崭新的天地。

粉碎“四人帮”之后，有关单位要编写《政治经济学辞典》了，先是上海有关部门组织编写上海的经济学教材和辞典，又抽调她进入上海社会科学院经济研究所，她就住进了陕西北路原先荣宗敬先生旧居的那幢老房子。没有多久，又要组织编写全国性的辞典，由许涤新担任主编，又是在全国调兵遣将，在北京中国社会科学院经济研究所编写，并组织修改条目和审稿、定稿。王爱珠照例是当然的人选，于是马不停蹄地赶赴北京。从 1976 年至 1978 年，编辞典的工作没有停过。所以他们的女儿就说，那时候好像妈妈总是不在家。

接下来，还有更长的一段时间不在家。

1979 年，学校有一个到南斯拉夫进修的名额，时间两年，学校想派她前去，由人事处征求她的意见。那时出国进修还没有形成气候，学校名额只有一个，这对她来说，是个不可多得的学习和从事比较经济学研究的机会，但是困难也很多。她想，首先语言上有困难，自己的外语不是强项，上大学时念的是俄语，而到南斯拉夫则是要用塞尔维亚语。当时她已经快 50 岁了，是一位副教授，重新学习一种新的语言，自己到底行不行？同时自己身体也不是很好，到异国他乡，能不能适应？如果自己一走两年，家里老老小小所有生活的担子，都要压在丈夫的身上……但是，南斯拉夫当时毕竟是社会主义国家中经济改革走在最前面的国家，出现了许多前所未有的新问题需要借鉴和研究，这对中国的经济改革必然会带来直接影响。思之再三，她决定克服一切困难，勇敢地前去迎接新的挑战。

那次出国之前，考虑到语言问题，国家教委先安排了 4 个月的语言速成训练，把那批出国人员 100 多人，集中在南宁的广西大学里由外籍老师培训，业务上文、理、农、医各科都有，性别年龄上男女老少皆备，但大多是青年教师，还有二三十个大学生，王爱珠在里面算是年龄大的了。对于这样的年龄去学一种完全陌生的语言,困难是可想而知的。然而真的到了南斯拉夫,困难就不只是语言问题了。

那时按照国家的规定,到美国去进修每月的生活费是400美元,而到南斯拉夫进修每月的生活费只有150美元。但是当时南斯拉夫的生活水准远远超过国内,这些钱在实际生活中是非常吃紧的。大家只好到市场上拣价钱便宜的食品买回来自己加工。当地只有鸡蛋和鸡肫、鸡肝便宜,那就一年四季吃鸡蛋和鸡肫、鸡肝。猪肉是最贵的了,王爱珠在两年中就没有买过猪肉。男同学感到不吃肉不行,就去买猪头肉回来自己煮着吃。成品面食价钱贵些,就买来面粉,用啤酒瓶子当面杖,自己做面条。为了节省开支,住宿就住在学生宿舍里。南斯拉夫的女教师见了开玩笑说,看来嫁人应当嫁中国男士,中国男士这么会做家务啊!

王爱珠为了省下更多的时间用来听课和调研,她把生活的程序安排到了最简洁的程度,怎么方便易行就怎么办,加上生活费用拮据,所以两年中,人瘦了10斤,而进修和考察工作却有了巨大的收获。她第一年在塞尔维亚经济研究所,第二年在贝尔格莱德大学经济系,她利用这个机会,进行了经济理论和经济体制的比较研究。回国前,她用塞尔维亚语撰写了《中国和南斯拉夫生产资料所有制的异同》,摘要发表在南斯拉夫的《自治》杂志上。回来后又翻译了2本书,一本是南斯拉夫德拉戈留布·德拉吉希奇教授的著作《生产资料社会所有制》,另一本是与别人合作,翻译了约热·戈里查尔教授的《社会学——马克思主义关于社会的一般理论基础》,这也是对袁缉辉研究社会学的最好支持。

节假日是她接触社会的好时机。她曾利用节假日去意大利和奥地利等国考察社会经济，尤其在维也纳，她有机会接触了一些前来投亲靠友的华人，了解了不少他们的想法（他们每年平均可以汇回家 1 万到 3 万先令），于是对劳务输出的问题形成了新的观点，回来写成一篇文章《从奥地利的社会经济情况看关于资本主义经济的几个理论问题》。文章还提出了三个观点：一是阶级斗争的形式在当前已有了新的变化；二是新形势下的产业后备军的出路问题；三是马克思主义如何对待社会民主党。这些问题和观点的提出，在当时都有振聋发聩的作用，发表在复旦大学学报的内部发行版上。

从南斯拉夫回来以后，她更加关注苏联和东欧国家的经济体制改革问题，在上海和外地的许多高校中讲授苏联和东欧国家的经济理论和经济体制比较，并把讲课笔记整理出来，形成了《苏联东欧国家经济改革概论》一书。

但是，知识界的理论研究总是以客观现实为基础的，有时候现实生活的变化比理论研究要快得多。几年后，苏联政局剧烈动荡，以致政体最后解体，使整个东欧的局面也大为改变。王爱珠认为，在这样的社会不确定因素太多的情况下，短时间是无法用理论加以概括的，还有待于今后作长期的观察和分析。于是，她决定利用自己在经济学方面的优势，把研究的方向转到老年经济学领域里来，开创老年经济学的新天地。

这样，他们夫妇的学术研究都走向了老年学，但是侧重点还是不同的。袁缉辉侧重于老年社会学，而王爱珠则侧重老年经济学。当王爱珠接触老年经济学的时候，这门学问虽然在国际上已经有了半个多世纪的研究历史，出版了一些专著和教材，但在中国，还是个全新的课题，等于是片空白。

恰恰在这个时候，上海已于1979年步入了老龄化城市，全国于1999年也进入了老龄化国家的行列。王爱珠经过一段时间的调查研究，向社会呼吁：中国是一个人口大国，也是世界上老年人数最多的国家；又由于国内是在经济不够发达的情况下进入老龄化社会的，由此而带来的经济和社会问题就特别多，因而研究老年经济学，从经济理论和对策思路上为老龄工作提供科学依据，就显得尤为迫切，尤为重要。鉴于当时我国对老年经济学的研究甚少，直到20世纪90年代中期，还没有出版过一本老年经济学方面的专著或教材，她决心利用自己在经济学方面的优势，率先做一尝试。

老年经济学既是一门理论学科，也是一门应用学科，其特点是理论必须紧密联系实际，既要在大量实际问题的调研中，总结经验，上升理论，又要在正确理论的指导下，解决实际问题，在实践中检验理论的科学性。

20世纪90年代，正是上海市以退休职工为主的经济实体如雨后春笋蓬勃发展的时候。从当时的历史条件看，兴办这种以退休职工为主的经济实体，既是退休人员老有所为、以为助养的一个有效方式，也是发展经济、稳定社会的一支重要力量，所以她决定从理论上给予支持。为此，她与上海市主持这项工作的有关领导，共同主编了《退休职工经济实体实用手册》，撰写了文章《老有所为，为得其所——从社会生产力再利用论退休职工经济实体的作用》。其后，她率领老年经济研究所的教师和学生，就“退休职工再就业”“开发老年市场”“退休人员共享社会经济发展成果”等问题，展开了专项调查研究，发表了《上海市区退休职工再就业状况》《略论市场经济与人口老龄化问题》《发展老年经济，开展老年经济学研究》《更新思想观念，繁荣老年市场》《挂钩和分享应是离退休职工的合法经济权益》等文章。

她亲自参加了大量调查研究，掌握了现实生活中的第一手资料，又有最新的经济学理论和老年学理论指导，中国的第一本《老年经济学》论著就非她莫属了。该书以马克思主义为指导，以老年群体为研究对象，以老年经济关系为研究内容，揭示了人类群体老化和个体老化的过程中所形成的各种经济关系和经济问题，以期对诸多中国老年经济问题作出理论上的回答，形成一门比较完整的学科体系。

王爱珠的辛勤劳动终于迎来了丰收的季节。《老年经济学》一书于1996年由复旦大学出版社出版，立即受到了广泛的重视和高度的评价，被誉为一项填补空白的建树，被列为上海市社会科学“八五”规划重点项目的研究成果，还荣获了中国老年学学会颁发的中国老年学研究十年成果一等奖、教育部颁发的普通高等院校第二届人文社会科学研究成果经济学三等奖和1999年度复华教学科研奖。这部书的成功，无疑标志了她的学术生涯的一个新的高峰。

这部书完成之后，她没有停下脚步，继续关注一些深层次的问题，有的涉及国家的政策和地方建设规划，发表了《退休金实质和形式的矛盾——兼论21世纪退休金改革方向》《老年人共享社会发展成果的理论思考》《老年人是社会发展的参与者和受益者——纪念1999年国际老人年》和《提高老年人口的消费质量》等文章，都是本着对社会高度负责的精神，有针对性作出的科学论断。

幸福和谐的大家庭

袁缉辉、王爱珠夫妇是一对福人，是非常懂得生活、珍惜亲情的。他们几十年来兢兢业业地工作，认认真真地做学问，不知不觉地还营造了一个非常温馨和谐的、令人羡慕的大家庭。在他们家中，无论是大人、老人还是孩子，大家都很自然地互相关心、互相爱护、互相体谅，几十年如一日。

两位老人（袁缉辉的母亲段氏和岳母）在世时，他们尽自己的努力让老人生活得更愉快。王爱珠在南斯拉夫进修期间，生活费用很紧张，但她还是省吃俭用，省下钱来，在回国的时候，为家中每一个人，包括丈夫的亲戚，各买了一件礼物。80 年代以后，孩子已经长大，先后出国留学了，家中老人也年龄大了。他们两夫妻工作很忙，还常常去外地开会和讲学。为了照顾和安慰老人，他们总是把各自的外出时间尽量错开，以便有人在家照应老人。有一次，王爱珠已经在杭州讲学了，袁缉辉又收到通知，要去杭州为浙江大学社会学专业做鉴定，为了当天能赶回来，他早出晚归，匆匆来回，两个人同在杭州，也没能见上一面。他终于在夜里十二点钟赶回来时，果真老人还没睡，他知道他不回来老人是睡不着的。两个老人后来一个活到 88 岁，一个活到了 92 岁，都是实践了“老有所养、老有所乐”的人。

1990 年 12 月，当他们的一对双胞胎孙女袁永诤（又名李永诤）、袁永谐（又名李永谐）在美国出生的时候，王爱珠已经近 60 岁。她当时在科研上仍旧是一名健将，常常有新的文章发表，许多同事认为她在学术上仍有上升的空间。但是她想，自己毕竟一天天年龄大了，而儿子媳妇也有自己的事业，与其自己再拼搏，不如让年轻人去拼搏。过去自己年轻的时候，母亲为自己解决了后顾之忧，现在自己老了，儿子长大了，需要自己的帮助，自己也应当去帮助他解决后顾之忧。于是王爱珠毅然决定，留职停薪，一人去美国照顾两个婴儿。而袁缉辉则在上海，陪伴老岳母，直到半年后，由孙女的外婆来接班，王爱珠才得以回国，继续从事教学和科研工作。一年后，双胞胎孙女又被送回中国，由爷爷奶奶和外婆共同照顾，直到 1993 年 6 月回到他们的父母身旁。现在这两个孙女已经长成亭亭少女了，在学校里都取得了优秀的成绩。

几年后，他们的外孙和外孙女也出生了，他们两夫妻照样照此办理，尽自己的努力去帮助女儿女婿分担些家务，好让年轻人有更多的精力投入工作。1994 年底，王爱珠提前办理了退休手续，与袁缉辉赴美国照顾外孙女徐和安，十个月后回国，继续投入教学科研工作。1999 年 8 月，外孙徐和宁出生，他们夫妇又去美国半年。一年后，徐和宁被送到中国，到 2002 年 4 月，他们再带着外孙到美国洛杉矶女儿女婿家。他们的外孙女长得聪明漂亮，外孙特别逗人喜爱。

现在他们拥有一个十口人的大家庭。儿子袁道唯（又名李道唯）是爱立信（中国）有限公司总监、商业咨询；儿媳许良村是美国南加州大学经济学硕士，曾任美国百事食品公司中国地区财务经理；女儿王玮（又名李道薇）是美国南加州大学社会学硕士，是美国加州房地产经纪人协会资深研究员；女婿徐曙光是美国南加州大学数学硕士和计算机工程硕士，并在该校商学院取得全额奖学金攻读博士课程，后去美国著名的百老汇连锁百货公司任职，现任美国加州太平洋投资与发展公司总裁、美国格林豪泰商务连锁酒店管理集团总裁。四个孙辈都在美国读书。他们老少三代人，时分时合，时聚时散，有时在中国，有时在美国，谁有困难都会得到关心和帮助，谁有值得庆贺的事情，都会得到大家的祝福。

本文原载《江淮文史》2007 年第 1、2 期

专　访

邱　晨

李鸿章、袁世凯、段祺瑞后人洛城相聚

中国历史上叱咤风云的李鸿章、袁世凯和段祺瑞的功过自有评说，而他们的后代生活得如何却让人们感到好奇。前不久出身三重豪门的袁缉辉（又名李家晖）和他的两个表兄弟在洛杉矶相聚，再话豪门家史，感慨不已。

袁世凯的曾侄孙袁缉辉同太太王爱珠到洛杉矶探望女儿，与段家二小姐式彬的儿子张中柱和四小姐式筠的儿子奚会凯得以在洛杉矶相聚。三人均出生在羊年，农历辛未年，年龄相同，各差 3 个月，而袁缉辉最小，被家人戏称为"羊尾巴"。

奚会凯 1948 年到美国留学，经过多年奋斗过后，成为美国著名科学家，曾参加 1969 年登月的美国阿波罗宇宙飞船的研制工作，他的名字也因此被永久地留在了月球上。张中柱也在美国工作，退休后是小区中一位出色的数学家教，桃李满天下，学生中不乏夺得全美大奖者。

邱晨，美国洛杉矶《侨报》记者采编部主任。

三人中袁缉辉的身世最复杂，也是当年留在国内的名门之后。袁缉辉原是李鸿章六弟李昭庆的曾孙。袁辑辉的生父是李国源，其原配是段祺瑞的大小姐段式萱，段大小姐因病早逝，袁缉辉是李国源后娶的夫人陈琪玉所生，排行第五。

由于李国源与段家仍过从甚密，其子袁缉辉便过继给了段家的三小姐段式巽做儿子，而段家三小姐的丈夫是袁世凯的侄孙袁家鼐，因此原本姓李的袁缉辉改姓了袁，成为袁世凯的曾侄孙。袁缉辉回忆说，他 1953 年从复旦大学经济学系毕业，留校任教，曾当过辅导员，讲过《共产党宣言》。中国改革开放之后，袁缉辉和复旦大学的同事们将当时的复旦分校政治系改建成为全国第一个社会学系，他还担任了系主任。20 世纪 80 年代初，中国上千所大学中只有这所大学有社会学系。

袁缉辉和太太王爱珠共同推动中国的老年学研究，呼吁社会各界重视中国人口老龄化问题，受到学术界的关注。袁缉辉把在社会学学术研究领域的重点放在老龄问题方面，王爱珠则首先开创了中国老年经济学的研究工作，都为制定人口老龄化对策提供了科学依据，

中国改革开放之后，袁缉辉曾多次访美，看到了外面的世界与家人，尽管“文革”时期他和家人受了不少委屈，但他不后悔在高校讲坛上度过的一生。

为了纪念袁缉辉与太太王爱珠执教 50 周年及金婚，复旦大学出版社为他们出版了《同爱共辉》一书。

她逃过了南京大屠杀

将近68年前，日本侵略军攻占南京，金陵古城遭受空前浩劫，30万生灵涂炭。当年，南京城中只有少数幸运者在日军到来之前逃离了家园，幸免于难，他们成了当年日军侵略暴行的见证。

复旦大学教授王爱珠(退休)，1931年12月生于南京市，是当年日军在南京大屠杀时的幸存者。王爱珠受访时表示，他们家当时在南京城内属殷实富裕家庭，在夫子庙附近的建康路开着“万乐”和“京华村”两间饭店，家中雇用的工人有约三十人。王爱珠外婆家在江北的六合县也有些亲戚，因此，她和她的家人才能在鬼子打来之前逃离南京，躲到江北的乡下，免于一死。

王爱珠说，当年在日本军队打进南京之前，城内的达官贵人和有权势者都逃到了重庆等地，像她家这样“有些条件”者也设法逃出了城，城内当年剩下的大多数是无处可逃的平民百姓。她回忆说，鬼子打来之前，就听说鬼子兵烧杀抢掠奸污民女，无恶不作，因此鬼子还没打来，南京城内已人心惶惶。

当年不到6岁的王爱珠及姐弟3人随同父母、舅舅到南京的浦口，挤上了小火轮，在日本鬼子到来之前逃过了江。她回忆说，当时浦口江边人群拥挤，前推后挤，小孩叫，大人哭，真是一片混乱不堪的悲惨景象。

王爱珠随家人逃到乡下之后，并不是万事大吉。日本军队也打到了她们逃亡的六合县。为了保命，年幼的王爱珠在乡下也要随家人经常东藏西躲，躲避日本兵的扫荡。给她印象最深的是，她与家人常常要躲到地窖中去，有时来不及躲避，就藏身于村内的草垛里。有一次鬼子扫荡，突然打进村来，王爱珠和家人匆忙躲入邻近的草垛。日本鬼子端着刺刀枪追到草垛旁，用刺刀往草垛中刺。王爱珠说，当时幸亏没刺到藏人的地方，不然必然大祸临头。

南京大屠杀之后，王爱珠随家人回到了南京城。她家的“万乐”和“京华村”两间饭店已化为灰烬，家中雇佣的工人也不见了。从此王家再未兴旺起来。王爱珠说，相比之下，王家只是损失了财产，而人员没有伤亡，已是不幸中的万幸了。

王爱珠说，小时候对日本人又恨又怕，长大后才对日本有了新的认识。任教之后，王爱珠曾到日本访问，受到日本学者的尊重与热情款待。她说，可恨的是日本军国主义者，而人民，无论中国人还是日本人，均是日本军国主义的受害者。

本文资料摘自美国洛杉矶《侨报》2005 年 7 月 5、7 日

从孩子被抢走的豪门故事说起

凌　久

父母带孩子参加亲戚聚会，一个亲戚喜欢孩子而带去身边几天，随后就把孩子强留下不还了。这个故事如果发生在今天会怎么样？然而这个故事在八九十年前真实发生了，还涉及了清末民初中国最有势力的三大豪门家族，即李鸿章、袁世凯、段祺瑞家族。《同爱共辉》上海版、台北版图书就记载了这样的一个故事。

清末民初三大豪门家族

先从清末民初三大豪门家族说起，李鸿章、袁世凯、段祺瑞三大豪门家族是中国近代史上叱咤风云的政治势力，主宰、影响中国内外政治长达 70 年之久。

李鸿章家族

李鸿章家族兄弟六人，分别为瀚章、鸿章、鹤章、蕴章、凤章、昭庆。长房李瀚章、二房李鸿章均出自曾国藩门下。李瀚章历任湖广总督、漕运总督、两广总督，加兵部尚书、赏太子少保衔。

李鸿章更为晚清四大名臣之一，由淮军起家，先后任直隶总督兼北洋通商大臣，授文华殿大学士。李鸿章先后创办和主持了上海洋炮局、苏州洋炮局、江南机器制造总局、天津机器局、金陵机器局及福州船政局，是洋务运动的集大成者。李鸿章的淮军全盛时期高达十余万人，拥有马队和炮队。淮系主导的北洋海军拥有 25 艘军舰、50 艘辅助舰和 30 艘运输舰，官兵达 4 000 多人，一度是当时亚洲的第一海军。1894 年甲午战争中，淮军陆军全线溃败，北洋海军更是全军覆没。作为清朝外交第一人，李鸿章与日本签订了《马关条约》，后又在与八国联军战后签订《辛丑条约》，不久便逝世。李鸿章家族三房李鹤章的生意涉及典当、盐业、茶叶等多个行业，是合肥城内的大富豪。四房李蕴章和五房李凤章短暂从政后各自经商，是晚清安徽省的大富豪，李凤章据说是李鸿章兄弟中的首富。六房李昭庆能力超群却英年猝死。下图为家族合影，前排坐者从右到左为李瀚章、李鸿章。

李氏世系自李文安起字辈以“文章经国，家道永昌，福寿承恩，勋荣世守，祖德积厚，克绍辉光，宗绪延长，同敦孝友”排列。家族后代中，李瀚章的二子李经楚后来成为交通银行第一任总经理，外孙孙多森是中国银行的第一任总经理。李鸿章的长子李经方曾任出使英国大臣和邮传部左侍郎，后兼任晚清第一任邮政总局局长；三子李经迈，曾任晚清出使奥地利大臣，后成为了上海的富豪。李鹤章儿子李经羲在晚清官至云贵总督，民国后还当过财务总长和国务总理。李昭庆的儿孙多担任外交官职务。张爱玲是李鸿章曾外孙女。中国前驻联合国、美国大使李道豫是李鹤章玄孙。

李鸿章家族合影

袁世凯家族

袁世凯淮军起家，襄赞洋务运动及新政，由道员、督抚累升，甲午战争后1895年小站练兵开始发迹，乃至入值军机，甚至内阁总理大臣，成为清末头号权臣。辛亥革命后逼清帝退位，并当选为民国首任大总统。1916年称帝失败，同年逝于北京。对袁世凯的评价历来贬多于褒，但他在中国近代化进程中的作用和影响力不应忽视。

袁世凯家族从父辈到孙辈，世系辈分依次为“保、世、克、家”，迄今在世的后人已至启、文、绍辈。袁世凯的生父袁保中育有六子，即世昌、世敦、世廉、世凯、世辅、世彤，袁世凯5岁时被过继给叔父袁保庆。袁世凯本人一妻九妾共生了17个儿子、15

个女儿；17 个儿子又生下 22 个孙子、25 个孙女；儿孙共计 79 人。他的儿子有克定、克文、克良、克端、克权、克桓等，女儿伯祯、仲祯、叔祯、季祯、瑞祯等。长子克定热衷政治，支持帝制；但二子克文对政治缺乏兴趣，热衷诗文、书法、昆曲和古钱币研究，为民国四公子之一。克文次子袁家骝和妻子吴健雄是美国知名的科学家。袁世凯家族还包括他兄弟的后代，如袁世辅的儿子袁克庄、孙子袁家鼐。

袁世凯家族多与高官巨户联姻，如袁克定娶湖南巡抚吴大澂之女，长女袁伯祯嫁两江总督张人骏之子，五子袁克权娶两江总督端方之女，其他亲家还包括孙宝琦（内阁总理）、陆建章（陕西督军）、张百熙（财政总长）、那桐（军机大臣）、黎元洪、曹锟等。袁世凯还把养女张佩蘅嫁给段祺瑞作继配夫人。

段祺瑞家族

段祺瑞是袁世凯麾下“北洋三杰龙虎狗”之“虎”，民国时期皖系军阀首领。段早年北洋武备学堂出身，曾留学德国，1895 年协助袁世凯在天津小站训练新式陆军。段祺瑞参与逼清帝退位、反对袁世凯称帝和张勋复辟，有“三造共和”之称。袁世凯死后，1916 年至 1920 年，段祺瑞是北洋政府的实际掌权者，任国务总理。段祺瑞多次参与国内战争，1924 年至 1926 年为民国临时执政（国家元首）。“九一八”事变后，日本人曾胁迫段祺瑞去东北组织傀儡政府，被段拒绝。段祺瑞是民国时期北京政府的第一任陆军总长和炮兵司令、担任过中国第一所现代化军事学校保定军校的总办。

段祺瑞先后娶妻二人，纳妾五人，有三子六女，除了两个早夭的，剩下七个也都各自有子嗣。原配夫人生有一子一女，子段宏业，女段式萱不幸早逝。段宏业据说有五子四女，子昌世、昌仁、昌岱、昌义（据说是义子）等，女儿段瑁嫁给了曾国藩后人曾昭德，还有个最小的女儿段慧敏。继配夫人所生的幼子宏范有两个儿子昌延和昌建，四个女儿宏彬、宏巽、宏筠和宏荃。段祺瑞因不抽、不喝、不嫖、不赌、不贪、不占，美称“六不总理”，身后遗下财产无几。后代中除了长子宏业外知名不多，后来分居国内外。

段家的女儿和女婿们

本文要讲述的故事从段家移居上海开始。1926 年，段祺瑞走下权力舞台，他离开北京前往天津，定居在日租界。“九一八”事变后，日本人企图利用段祺瑞建立伪政权。蒋介石获悉后，派交通银行董事长钱新之到天津，以保定军校学生之礼邀段祺瑞南下。段一听就明白，马上答应，不顾京津一带部下反对，于 1933 年 1 月 21 日悄悄离开天津前往南京，脱离日本人势力范围。蒋介石给了段祺瑞极高礼遇，在欢迎仪式上第一个迎接，当众行军礼。蒋介石请老师在南京居住，段祺瑞以不打扰政务为由，要求到上海租界居住。

段祺瑞到上海后，蒋介石精心安排他住在了军事参议院院长、原段祺瑞部下陈调元的公馆。这幢别墅位于今淮海中路 1517 号（原霞飞路 1487 号，霞飞路初建时叫宝昌路），建筑面积为 1775 平方米，花园中有大理石砌成的喷水池、雕塑，南侧还有假山，别墅厅内有彩色玻璃的天棚。下图显示的这栋花园洋房

盛宣怀住宅

由一个德国人建于1900年，后来曾为清代洋务派主要人物、清末大理寺少卿、邮传大臣、南洋公学（今交通大学）创办人盛宣怀购得，遂称盛宣怀住宅。1912年秋，盛携家眷定居于此。之后1916年盛宣怀在沪病死，他儿子盛重颐继承了这幢房子。1929年，国民政府将其没收，该处又先后成了陈调元和段祺瑞的住宅。蒋介石安排政府每月为段祺瑞提供万元生活费，保证一生清廉的他可以有安定的生活。段祺瑞在生活安顿下来后，马上表明了自己抗日的态度，对《申报》记者表明："日本暴横行为，已到情不能感、理不可喻之地步。我国唯有上下一心一德，努力自求。"

到上海后，段祺瑞每日在院子里散步，在佛堂诵经，在院内草坪上读书看报。他牵头办起了"上海弈社"，聚拢了一大批上海围棋名手，促进南北交流，使上海成为全国围棋名手汇集的中心。他退出政坛后，潜心礼佛，平常都吃素，吃饭只有一菜一汤，有时只有一碟咸菜。1936 年 11 月，段祺瑞因胃溃疡大出血，病逝于上海，享年 72 岁。

1935 年 3 月，上海段公馆合影

上图是段祺瑞夫人和女儿、女婿们于 1935 年 3 月在上海段公馆合影。中坐者是段夫人张佩蘅，袁世凯和夫人于氏的养女。照片上李国源(左 1)，李鸿章幼弟李昭庆之孙。段祺瑞长女式萱嫁给李国源后早逝。李继娶陈琪玉(右 5)，但仍为大女婿。合影中右 3 为段家三女式巽，嫁给袁世凯五弟袁世辅之孙、袁克庄之子袁家鼐(左 3)。照片上还有段家二女式彬(右 4)和女婿张道宏，后来两人长期生活在美国，式彬一直活到百岁高龄。四女式筠(右 2)和女婿奚伦(左 2)，奚为中国实业银行总经理，后移居中国香港和加拿大。六女式荃(右 1)和女婿傅霖(左 1)，傅曾是章士钊的秘书，1949 年之后在湖南的大学里任教授。照片上还有随段祺瑞南下的侄子宏纲和夫人、宏炳。

1941 年拍摄的全家福。前排右起：李家明、李国源、李家星、陈琪玉、李家晨、魏诗芸（李家曜夫人）；后排右起：李家晖、李家景、李家昶、王志涵（李家明丈夫）、李家晋、李家曜、李家昌、刘广琴

李家的儿子被段家的姨抢到了袁家

段祺瑞的大女婿、李鸿章的侄孙李国源在段家大小姐段式萱去世后、续弦外交官陈箓的妹妹陈琪玉，全家先后有了九个孩子，李家晖在陈琪玉所生七个孩子中排行老五。

故事大约发生在 1935 年，段祺瑞的妹妹在合肥过生日，段家全家都去祝贺，李国源带了三岁的李家晖也去了。段家三小姐式巽见李家晖聪明伶俐，十分喜欢，就提出要带他去南京自己家玩几天。李国源夫妇知道段式巽只有一个女儿，又真心喜欢自己儿子，不假思索就同意了。

段式巽的丈夫袁家鼒是袁世凯的侄孙，性格内向，从不外出工作。段式巽在女儿袁迪新之外一直想要个儿子，把李家晖带回家后，关上门告诉他是袁家的孩子，实时改名袁缉辉。三岁的孩子信以为真，从此叫她娘。等到李国源夫妇上门领孩子时，段式巽怎么也不肯交还了，叫嚷着："你们要把他带回去，先拿手枪把我打死好了！"

段三小姐式巽真的会玩手枪，段祺瑞在北京一度处于危险，多亏有段式巽持手枪守卫在旁。可是陈琪玉没有思想准备，哪里肯把亲生儿子送人，一时吵得不可开交。僵持中李国源对妻子讲："他们没有男孩子，喜欢家晖很是自然的，家晖在袁家也不会吃亏。况且三妹身体这么弱，待她以后去世了再要回来也不迟。"于是李家晖真的成了袁缉辉。但当妈的还是不放心，总是设法让他知道他的确是李家的孩子。

袁缉辉就此生活在袁家，但李家仍把他当自己人，时有往来。袁家鼒、段式巽夫妇搬到苏州居住时，他在上海读书，就住在李家。后来李国源、陈琪玉夫妇移居香港，三年困难时期给留沪的子女邮寄食品，也少不了他的一份。李国源、陈琪玉分别于1974年和1965年病逝于香港。

袁缉辉与袁家也相处得很好，段式巽在中国古典文学和中国画上的造诣，对他文人气质的形成不乏影响。袁家鼒去世后，袁缉辉把段式巽接到自己那儿，一起生活了一段时间。一向体弱的段式巽在1993年去世，生前为上海文史馆馆员。

訃　告

上海文史研究館館員段式巽女士于1993年8月28日去世，享年92歲，遵囑喪事從簡。子袁緝輝女袁迪新敬告海内外諸親友。

刊1993年8月30日上海《新民晚報》

1993 年刊登在《新民晚报》上的段式巽讣告

《同爱共辉》：故事的继续

豪门家族的抢孩子风波有了圆满的结局，但这只是整个故事的开头。袁缉辉上的复旦中学，校址前身正是李鸿章家族的上海祠堂，无意中又搭上了李家。

最重要的是，袁缉辉进入院系调整后的复旦大学经济学系，遇见了一位名列前茅、从不服输的女孩子王爱珠。王爱珠的老家在南京，是典型的工商业殷实人家。抗战时期全家外出逃难，在南京的店铺和财产被日本人洗劫一空。王爱珠从小聪慧努力，学业一向出众。她在几个月内就读完三年的理化生课程，考上了安徽大学，又随着院系调整进了复旦。

袁缉辉开始了漫长的爱情攻势，终于在两人毕业留校后收获了美满的果实。其后长达一个花甲的岁月中，他们同爱共辉，经历了风风雨雨，在经济学、社会学、老年学的领域开创了一片新天地。有兴趣继续关注这个故事发展的读者，可以直接阅读记录着所有心路历程的《同爱共辉》。

《同爱共辉》目前出版了四个版本。最早是2005年为祝贺复旦大学建校100周年由复旦大学出版社出版，而后是2006年和2009年由台湾秀威信息科技公司出版的增订版和执教50年暨金婚纪念增订二版，以及去年（2020年）由上海大学出版社出版的执教50年暨金婚钻石婚新版。洛杉矶加州大学东亚图书馆和中美其他一些主要学术图书馆均有收藏。美国南加州复旦大学校友会今年（2021年）为此书最新版举办了义卖活动，得到广大校友的热情支持和参与。

《同爱共辉》给我们展示的是袁缉辉、王爱珠孜孜不倦的执教经历、勇于探索的学术研究和携手共进的恩爱人生。这篇豪门夺子的故事只是一个精彩的开篇，读者们一定可以从阅读此书中发掘到更多的动人故事。

2021年秋

本文原载《上海人》杂志第21期，2021年洛杉矶出版

同爱共辉：90年社会转型探索之旅

程　洪

《同爱共辉》是先后在上海和台北出版的小型系列书籍，记录了社会学家袁缉辉和经济学家王爱珠的学术成就和个人生活，以及他们在高等教育领域长达50年的教学和科研经历。

这个小型系列书籍包括四个版本。第一个版本于2005年出版，与中国知名高等教育机构复旦大学百年校庆相呼应。由于袁教授和王教授都是该校资深教师，他们50年的教学经验反映了该大学的发展历程。之后，2006年和2009年，在台湾出版了两个增订版，加入了一些历史照片和序言，以庆贺这对夫妇的金婚纪念。2020年，随着这对夫妇达到钻石婚纪念，上海大学出版社出版了基于第一个版本的第四个版本，包括了两位教授在近十年中的更多学术成就和退休生活总结。该小型系列书籍很好地展现了这对夫妇在经济学和社会学领域的学术贡献，以及他们在大学任教50年后丰富的退休生活经历。

程洪，复旦大学历史学学士、硕士，加利福尼亚大学洛杉矶校区（UCLA）历史学博士、图书馆信息科学硕士，曾入中国学博士后流动站。现任加利福尼亚大学洛杉矶校区（UCLA）图书馆中国研究馆员，（北美）东亚图书馆协会主席。

该书包括很多由领域内学者撰写的序言和书评，详细介绍了两位教授的学术成就。作为一个非社会学和经济学专业的外部人士，我很难提出学术上有价值的评论。因此，本书评试图从不同的角度进行探讨。

同爱：社会职责的钻石承诺

一本讲述学术的书籍以“爱”这个词为标题，并实际上直接谈论到著名学者的爱情生活，确实非常罕见。由于王爱珠教授的中文名字，把“爱”带给了书的题目，然而我相信“爱”是连接整个故事的关键词。正如袁教授所说：“同爱是前提，共辉是结果。”在《同爱共辉》的系列书中，我们可以看到他们对婚姻、家庭和人类的爱，以及如何通过爱的力量担负起探索当代中国面临的社会问题的职责。

这个爱情故事始于袁、王二人 1952 年作为中国高等教育院系调整后最早的学生被录取到复旦大学，这个院系调整是根据苏联模式对中国大学进行的解散、合并和重组。当年袁教授和王教授在校园里相遇，今天看来这是再平常不过的一件事情：一个杰出的女孩吸引了一个有才华的男孩，但这在当时是相当不寻常的。幸运的是，他们于 1955 年结婚了。接下来的 60 年经历了政治运动、自然灾害和国际冲突，这些事件影响了每一个夫妻和家庭，导致很多家庭尤其是知识分子家庭分裂了。袁教授和王教授经历了所有这些暴风雨般的事件，面临了许多挑战，但他们的婚姻从银婚、金婚到钻石婚，一直坚持到了今天。这就是我们从这个系列书中看到的第一种爱。

袁和王都来自相对富裕的家庭，袁缉辉尤其是近代中国历史上三个著名家族的后代：晚清名相李鸿章、民国总统袁世凯和总理段祺瑞。这三位政治家统治了中国半个世纪，他们的家族无疑都是近代中国最有影响力的家族之一。他们的学术领域，如马克思主义理论和政治经济学，与他们的家族传统真的相距很远，但是他们对家族的爱似乎没有明显变化。袁与父母及兄弟姐妹保持着密切联系，与堂表兄弟关系良好，并对养父母尽孝尽责。像李、袁、段这样的大家族，内部难免存在巨大的差异乃至鸿沟。然而，关键是能否存在可以弥合差异的东西，即爱。无论差异有多大，爱的力量或能跨越障碍，不仅适用于某个家族，或还适用于民族等更广泛的领域。

如果爱能超越家族的界限，它就可以是人类之爱。然而中国学术界在改革开放之前的很长一段时期内，这样的博爱是不被提倡的。当时的主流理论是阶级和阶级斗争，不考虑人类之爱这样的事情。在这种情况下，社会学作为研究人类社会的学科被作为“伪科学”而禁止，直到文化大革命结束之后才得以复兴。袁成为最早投入复兴学科的社会学家之一，而王则是早期倡导市场经济理论的经济学学者之一。随着他们关注与老龄化人口有关的紧迫问题，他们致力于新兴的老年学领域。当我们认可他们在探索新学科领域方面的勇气和创造力时，不难想象他们拥有人类之爱。

《同爱共辉》这个小型系列书以生动的故事讲述了袁、王二人将爱从婚姻、家族延伸到人类之爱，以此作为学术研究的动力。我虽然不是社会学或经济学的专业人员，但仍能感受到爱的力量在可敬的袁缉辉教授和王爱珠教授的学术生涯中扮演了关键角色。

共辉：社会科学的学术丰碑

《同爱共辉》这个小型系列书展现了袁缉辉教授和王爱珠教授在经济学、社会学和老年学领域中的学术成就，是他们学术光辉的体现。“辉”一字取自袁教授的名字。在同行、学生和新闻记者的角度看来，两位学者在这些领域取得了里程碑式的成就，尤其是在恢复社会学和开创老年学方面。

“文化大革命”结束后，袁教授和一些学者通过三个首创项目在中国开展了社会学研究，即首次在大学中建立了社会学系，首次成立了社会学研究所，首次创办了社会学学术期刊。这三个首创在中国有学术里程碑的意义。在这个过程中，他们面临许多挑战，尤其是来自权威理论家的压力。

与此同时，王教授在重新定义社会主义经济理论方面取得了进展，她关注经济改革，对经济特区、混合市场经济、新的分配制度和取消政府对企业的控制等方面进行了研究，从而满足了20世纪80年代经济改革对理论研究的迫切需求，在经济学理论领域建立了一个里程碑。

随着中国社会的改革开放，更多社会问题引起社会学家的关注。考虑到老年人研究可能是社会学的下一个前沿，袁教授很快成为中国最早的老年学家之一，并发表了一系列研究论文。老年学是一个涉及社会科学、科学技术和医学的跨学科领域。王教授开始研究老年经济学，这是一门跨越老年学和经济学的新的边缘学科。这样的跨学科研究在社会学研究中树立了丰碑，在进行经济改革研究的同时注重社会问题。

在从 20 世纪 80 年代到 21 世纪初的不到三十年的时间里，袁教授和王教授在学术研究和社会参与方面取得了很大成就。他们达到的里程碑确实是其学术生涯中的共同光辉。

经历：社会变革的探索之旅

《同爱共辉》这个小型系列书记录了袁缉辉教授和王爱珠教授的普通而又特殊的生活。如果将他们的个人生活和学术成就与中国的社会变革相结合，本书评进一步发现，袁教授和王教授的经历伴随着中国向现代化漫长而曲折的转型而不断前进。在家庭背景、教育经历、学术联系和社会机遇的影响下，他们的经历反映了中国知识分子在这一时期走过的独特而又普遍的道路。

这个小型系列书实际上展示了袁缉辉教授和王爱珠教授人生经历的四个阶段：童年和少年时期、政治运动时期、改革时期和退休时期。

袁王夫妇的童年和青少年时期充斥了战争、动荡和革命。王有着与许多中国知识分子类似的家庭背景，而袁的家族在革命前的中国是最有权势的政治家族之一。然而当他们出生时，他们的家庭都深受国内外战争的困扰，即使袁的家族在那个时候也早已失去了过去的光辉。我们不在此讨论近代历史人物，但袁教授家族的显赫先人似乎并没有对他的个性产生负面影响。当他进入大学时，他更多是个诚实而进取的进步青年。与此同时，尽管家庭在战争中遭受难民生活，王依然长成一个迷人而杰出的少女。

袁王夫妇在复旦大学的知识分子生活在接下来的25年里充满了挑战，接连的政治运动侵扰了他们。尽管他们本人直到“文化大革命”才成为斗争对象，但他们必须时时极其谨慎，担心家庭背景会给他们带来麻烦。即使他们相当杰出，“文化大革命”期间的批判仍然找上了他们。

真正光辉的时期随着经济改革来到了他们身上，这占据了这个小型系列书的大部分篇幅。尽管挑战和争论持续存在，思想解放的开始和政治运动的停止为他们的才华和创造力提供了前所未有的机会。在充分认识袁教授和王教授的成就和贡献时，我们必须承认学术发展的一个重要因素，即宽松的政治环境。这个小型系列书的众多前言、序跋以及评论已经指出了这个关键结论，但在此重复强调也不为过。袁教授和王教授在学术生涯的巅峰时期退休了。这个小型系列书分享了他们退休后与家人、子女和孙子女共度的许多快乐时光。我相信，当看到他们的一些学生在这个系列中发表的文章，延续了学术研究并发展到一个新的高度时，他们一定会感到由衷满意。

袁教授和王教授的经历是在中国社会转型下的一生探索和起伏冲浪。从他们的经历中，我们可以看到中国知识分子的生活是如此紧密地与国家命运相联。如果国家繁荣昌盛，人民也将繁荣昌盛；如果国家处于危险之中，人民也将处于危险之中。改革开放结束了多年的动荡和政治运动，为学术研究带来了繁荣。袁教授和王教授的人生经历告诉我们，对于学术研究来说，一个宽松自由的环境是多么珍贵。

《同爱共辉》的小型系列书展现了两位杰出社会科学家袁缉辉教授和王爱珠教授的心路历程。在 90 多年的时间里,他们用博爱之心探索着国家的未来,并放射出学术研究的光辉。他们的个人故事真正启发了许多人,特别是他们的学生和同事。

《同爱共辉》义卖活动

美国南加州复旦大学校友会

庆贺复旦大学建校116周年之际，美国南加州复旦大学校友会开展的活动加强了资深校友和年轻校友的交流和沟通，增添了大家对母校的感情和联系。

2005年复旦大学百年校庆时，袁缉辉、王爱珠两位教授出版了《同爱共辉》一书，这是他们向母校百年校庆的献礼，也是他们的金婚纪念，在复旦大学百年校庆金婚庆典盛会首发。此书是他们的学术生涯和爱情生活的真实记录，反映了他们这一代知识分子半个世纪以来的特殊经历和难忘岁月。书中有家族史专家为他们撰写的“传略”，也有他们自己写的“心路回眸”，又在“学术撷英”中辑录了他们的论著，并有许多专家学者写的“序”“跋”和“见证历史”等内容。袁缉辉和王爱珠教授在1953年复旦大学毕业留校任教，他们同龄、同窗、同教，于1955年结成伴侣。在《同爱共辉》问世多年之后，他们又步入了钻石婚。为此，他们在本书首版即复旦大学出版社2005年版的基础上做了较多增删，尤其增加了“百年校庆　金婚庆典”和“从金婚到钻石婚”两篇内容，以展示他们的金色晚晴。他们的2020年版新作《同爱共辉——袁缉辉王爱珠执教50年暨金婚钻石婚纪念》由上海大学出版社出版，既是励志读物，也于经济学、社会学和老年学研究有参考价值。母校116年华诞期间，袁缉辉、王爱珠两位教授在美国南加州复旦大学校友会隆重举办他们新作的义卖活动，提供20本新作在校友中义卖，所得款项全部捐赠给美国南加州复旦大学校友会作为活动经费。义卖活动受到校友的热烈响应，20本新书很快认购一空。

以下文字为当时美国南加州复旦大学校友会在校友会渠道发布的相关信息。

校友朋友们大家好！为支持校友会的活动，袁缉辉教授、王爱珠教授伉俪特别向校友会捐赠了他们合著的《同爱共辉——袁缉辉王爱珠执教50年暨金婚钻石婚纪念》(2020年)一书共20本用作义卖，义卖全部收入捐赠给校友会。经袁缉辉教授、王爱珠教授倡议，特别在校友群中发起在线义卖活动，有意参与的校友朋友可在此接龙购买。书籍每册＄12(含邮费)。购书支票可寄至FUAASC, PO Box 2031, San Gabriel, CA 91778, payable to FUAASC。袁缉辉教授、王爱珠教授将向认购的校友和朋友提供珍贵的作者签名版，请认购者把姓名和邮寄地址信息发邮件给邢轶(ethan. xing@gmail. com)，校友会将在之后统一安排书籍的邮寄。以下的接龙认购单中务请用真名，以供袁王教授在签名本上写上。如希望列两人或更多姓名的，也请一并列出。谢谢！

美国南加州复旦大学校友会，2021年5月9日

认购名单(2020年5月9日—18日)

1、程洪　2、樊军　3、王竞华　4、Yurong Xia　5、黄琦　6、郦永刚　7、朱家璧 AbbyZhu　8、吴慧卿　9、裘志勇　10、曾灏　11、沈修达　12、华强　13、沈国秋　14、钱诗光　15、陆凤莺　16、蓝成东　17、沈志钦　18、董培焰　19、李渝萍　20、邢轶

各位校友朋友,上午好!感谢大家对于本次校友会义卖活动的积极参与及大力支持!20本《同爱共辉——袁缉辉王爱珠执教50年暨金婚钻石婚纪念》的认购额已满,活动圆满结束,在此特向大家通报。感谢袁教授、王教授对于校友会活动的大力支持,感谢参与认购的校友朋友们。购书的校友们可将个人收件地址以及姓名发邮件至 ethan. xing@gmail. com,进行统计。购书支票(＄12/册)请寄至 FUAASC,POBox2031,San Gabriel,CA91778,支票 payabletoFUAASC。校友会将在之后统一安排邮寄。再次感谢大家对校友会的大力支持!

美国南加州复旦大学校友会,2021年5月27日

经济学与老年经济学理论及其实践

王爱珠教授的主要学术思想：社会主义经济理论

顾钰民

我是20世纪80年代中期成为王爱珠教授的硕士研究生的，这个时期正是她学术思想活跃、学术研究深入、学术成果丰富的时期，也是她教学科研的黄金时期。作为她的学生，在她的教学、讨论、研究过程中受惠于她的学术思想，至今印象深刻。按照时间的顺序，对王爱珠教授的学术思想脉络作一回顾。

一、关于经济改革和社会主义经济理论的学术研究

20世纪70年代末，“四人帮”被粉碎以后，面对在“文化大革命”十年中被他们搞乱的理论，我国理论界面临的一个重要任务是要在理论上进行拨乱反正，把被“四人帮”搞乱的理论重新恢复其马克思主义的本来意义。在这一时期，王爱珠教授写的《社会主义时期没有奖金是不行的——批判〈社会主义政治经济学〉在奖金问题上对列宁论述的篡改》《列宁是怎样论述按劳分配

顾钰民，时任同济大学文法学院副院长，教授，现任复旦大学马克思主义学院教授。

的》《高速度发展社会主义经济具有决定意义》等几篇论文比较集中地体现了这一主题。其中,比较突出的是发表在《复旦学报(社会科学版)》1978 年第 1 期上的《社会主义时期没有奖金是不行的——批判〈社会主义政治经济学〉在奖金问题上对列宁论述的篡改》这篇论文。

1985 年,王爱珠教授发表了《突破传统观念,建立具有中国特色的社会主义经济体制》一文,在这篇文章中,通过比较研究,对社会主义经济理论的许多重大问题进行了深入的阐述,实现了观念上的变革。具体体现在以下几方面:关于对社会主义经济是公有制基础上的有计划商品经济的阐述;关于指令性计划和指导性计划都是计划经济的具体形式的阐述;关于全民所有制企业"两权分离"的阐述;关于实行政企职责分开,正确发挥国家经济职能的阐述;关于对社会主义按劳分配问题的阐述。

王爱珠教授在这篇文章中探讨的是社会主义经济理论的一些重大的、基本的问题,是进行经济体制改革首先必须要在理论上解决好的问题。在这一阶段,王爱珠教授的学术思想和理论研究,清晰地反映了改革和经济理论发展的要求。

二、关于特区经济的理论研究

兴办经济特区是我国对外开放的一种重要形式,也是我国经济发展中的一个创造。王爱珠教授在对深圳经济特区进行调查研究的基础上,完成了《深圳的经济发展和社会进步》《从生产资料所有制结构看深圳特区经济的性质和特点》这两篇论文,这两篇论文充分反映了她坚持理论与实际相结合取得的研究成果。

在《从生产资料所有制结构看深圳特区经济的性质和特点》这篇论文中，王爱珠教授通过对深圳的调查研究和实地考察，用大量的数据和实例，概括了深圳特区所有制结构的特点是：“不仅从总体上来看，整个特区经济是多种所有制形式结合、多种经济成分并存，而且从单个企业来看，在一个企业内部也是多种所有制形式共同经营、多种经济成分并存。多种所有制形式的联合和合作，就其实质来讲，主要是社会主义所有制和资本主义所有制的联合和合作。这两种所有制的联合和合作，构成一种既有社会主义经济成分又有资本主义经济成分的国家资本主义经济。”

王爱珠教授认为，无论是公有制企业接受“三来一补”这一形式，还是中外合资、合作企业这一形式，或者是外商独资经营企业，这些都是不同程度的国家资本主义经济。

王爱珠教授认为：“在深圳特区的经济结构中，既然既有社会主义经济成分，也有资本主义经济成分，那么，在这样的经济条件基础上，必然是社会主义经济规律和资本主义经济规律都起作用，而同商品经济相联系的价值规律和竞争规律则起着极为重要的作用。这些规律交替作用的结果，反映在特区内的经济活动上，是在计划指导下以市场调节为主。反映在特区的企业管理上，也是多种管理形式并存。反映在分配关系上，也是多种分配形式并存，既有按劳分配，也有按资分配，是符合我国要使一部分人先富起来的政策的。”

王爱珠教授在当时关于特区经济性质的这些理论分析和论述，对人们正确认识特区经济的性质和特点具有很强的说服力，也充分表现出她一贯坚持的实事求是、从实际出发进行学术研究的学风和态度，既坚持马克思主义的基本理论，又根据发展了的实践提出新的分析和观点，很好地实现了对马克思主义基本原理的坚持和发展的统一。

三、关于国家经济职能问题的理论研究

关于社会主义国家经济职能的问题，是王爱珠教授研究的重点课题之一，在《经济研究》1985 年第 7 期上发表的《关于社会主义国家经济职能的几个问题》这篇文章集中反映了她对这一问题的研究成果。

随着经济体制改革的不断深入，高度集中的计划经济体制已经被打破，市场对经济活动的调节程度和范围日益提高和扩大。在这一背景下，我国理论界对于国家经济职能是否是国家的本质职能，国家经济职能的内涵及其客观依据，国家经济职能与生产资料所有制的关系，国家经济职能与经济体制改革的关系等问题，都存在着一些不同看法。

在关于社会主义国家经济职能的问题上，王爱珠教授的学术思想可以概括为以下几点：第一，国家经济管理职能产生于生产过程的社会化，实行经济管理是国家必不可少的职能，在社会主义经济建设时期，必须要充分认识到国家在经济发展中的巨大作用。

第二，运用行政方式和经济方式是国家管理经济的两种基本方式，这两种方式的运用和结合程度不同，就是不同的经济管理体制。社会主义经济是有计划的商品经济，这在客观上要求

国家主要运用经济方式来管理经济。

第三,实行计划经济不等于实行指令性计划,指令性计划和指导性计划都是计划经济的具体形式。

第四,全民所有制的各个企业具有经营管理权,是生产资料全民所有制的体现,也是实现全民所有制的客观要求,全民所有制企业具有经营管理权,不会影响社会主义国家对生产资料行使所有权。

王爱珠教授的这些思想,反映了她当时对国家经济职能问题的深入研究和深刻认识,为改革国家管理经济的方式提供了理论上的支撑。

四、关于苏联东欧国家经济改革的理论研究

苏联东欧国家的经济改革理论是王爱珠教授在 20 世纪 80 年代理论研究的重点,也是她从事经济学理论研究的特色。这一特色的形成,又是与王爱珠教授在 20 世纪 80 年代初去南斯拉夫学习和研究这段经历分不开的。在国内有几十年研究马克思主义政治经济学的基础,加上在南斯拉夫实地考察和研究,王爱珠教授在研究苏联东欧经济改革理论方面具有了独特的优势,经过多年的努力研究和积累,取得了丰硕的研究成果。由复旦大学出版社在 1989 年出版的《苏联东欧经济改革概论》,是王爱珠教授研究苏联东欧经济问题的一本代表性著作,在当时国内也很有影响。在复旦大学,乃至在国内经济学界,说到研究苏联东欧经济改革理论的代表性人物时,总是与王爱珠教授的名字联系在一起。在这一时期,复旦大学经济学门类的研究生,都

听过王爱珠教授讲授“苏联东欧经济改革理论”这门课程，大家对苏联东欧经济改革理论的了解，更多的是通过学习这门课程来实现的。复旦大学研究生院把王爱珠教授的这本著作列入恢复研究生招生以来出版的第一套丛书，并作为提高研究生教学质量的一项重要措施。

但是，遗憾的是，在王爱珠教授的这本著作出版不久，苏联东欧国家纷纷解体，社会主义的经济改革在苏联东欧国家已经终止。在国内对苏联东欧问题的研究重点转向了对苏联东欧国家解体和变化原因的分析。因此，在国内的理论界，当然也包括王爱珠教授，基本上都停止了对苏联东欧经济改革理论的研究。

从 20 世纪 90 年代开始，王爱珠教授已经年过 60 岁，她又重新开辟了“老年经济学”这一新的学术研究领域。作为一个学者，这样的研究精神实在是让人敬佩。

作为王爱珠教授的学生对导师在 20 世纪 80 年代经济理论研究的成果和学术思想做一回顾，也许理解并不深刻、全面和准确，也可能会遗漏一些比较重要的学术思想。但是，在学生心目中印象深刻，并始终作为自己表率的是王爱珠教授的学风和做人的准则。

作为一个导师，在学生心目中的形象是由这样两个方面来塑造的：一是学术水平，二是做人原则。这两个方面也是履行一个教师职责所必须具备的最基本素质。教师对学生教育的基本职责是授业传道，授业就是传授知识，要能够更好地向学生传授知识，教师自己必须具有高的学术水平。传道就是传授做人之道，这既需要教师对学生的言传，更重要的是教师对学生的师表。我在师从王爱珠教授的几年时间里，不仅得益于学问上长进，更受惠于对做人之道认识的提高。在这方面王爱珠教授给我的印象深刻。

严谨的学风、谦逊的态度是王爱珠教授作为一个学者在教学和科研过程中表现出来的基本特点。王爱珠教授无论是在教学中，还是在讨论课上，或者是指导论文的过程中，都表现出非常强的学术规范：对每一个问题的讲解，都经过自己的研究，都有充分的依据，并作出有说服力的分析；对于学术争论问题，有自己的看法和观点，对不同的观点，不是简单地否定，而是深入地分析，既不盲从于某些观点，也不把自己的观点强加于人，以自己的学术研究为依据踏踏实实地做好学问。在感受到王爱珠教授严谨的学风的同时，更体会到她作为一个学者的谦逊的态度。在给学生上讨论课时，大家围绕着理论问题和学术观点进行讨论，在这过程中出现不同的观点和看法是非常正常的现象，王爱珠教授总是平等地与大家一起讨论，尊重每一个同学提出的问题和看法，也吸取每一个同学在讨论过程中的合理思想，用充分说理的分析纠正同学们的一些不正确的看法。所以，在讨论课上大家都没有顾虑，畅所欲言，师生之间气氛和谐。这样的一种氛围最容易碰撞出新的思想火花。王爱珠教授这种谦逊的态度，是她在做学问上达到的一个新的高度，在学术修养上达到的一个新的层次。

真诚待人、关心他人是王爱珠教授作为一个导师在教书育人过程中表现出来的基本特点。王爱珠教授既给本科生上课，又指导研究生，她有很多的学生。她经常给我们讲一些做人的道理，但更多的是通过平时的接触使我们感受到王爱珠教授的身教。学生们经常到王爱珠教授的家中讨论问题，特别是在做论文的阶段,这样的接触就更多了。在交谈中,在讨论问题过程中,我们感受到的是真诚的师生关系。只有尊重别人,才能得到别人的尊重,即使在师生之间也是这样,这是王爱珠教授经常对我们讲的话。我们学生都非常尊重王爱珠教授,这样的尊重不是建立在师道尊严的基础上,更不是建立在权力利益的基础上,而是建立在师生平等、真诚相待的基础上。王爱珠教授也非常关心我们学生,我们有什么困难,有什么问题需要解决,她总是满腔热情地帮助我们,为我们解决困难和问题。这些事情虽然都是很平凡、很普通的小事,但是折射出的却是一个人的内在品质和做人之道。20 年前我是王爱珠教授的学生,今天也成为一名高校的教师,但在王爱珠教授面前仍然是一个学生,在王爱珠导师身上得到的学识和做人的道理是终身受益的。

2005 年 1 月 8 日

不懈耕耘　不断创新

袁　平

王爱珠教授是一位深受学生爱戴的老师。作为她众多学生中的一个，多年来，我一直都在心存感激地对我的家人和我的朋友们说，没有王爱珠教授对我的言传身教，没有她对我的关心、帮助和鼓励，就没有我的今天。

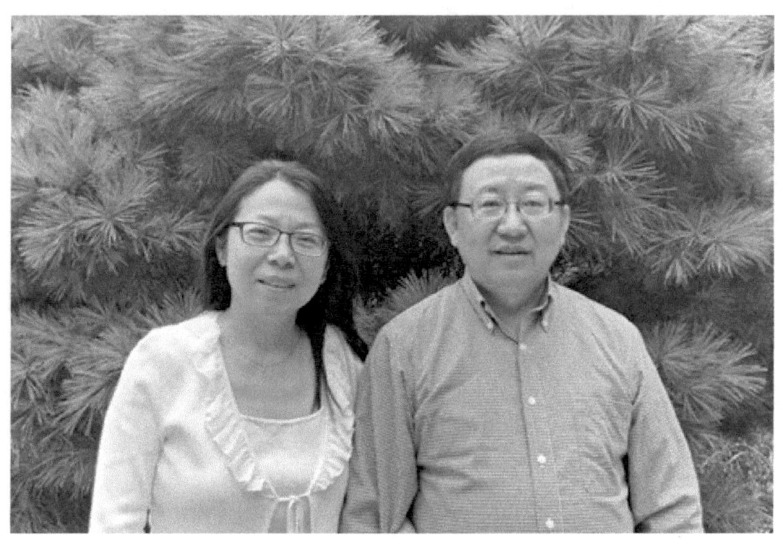

袁平、赵瑛璐（高级工程师）夫妇

袁平，复旦大学经济学系社会主义经济学专业 1986 级硕士研究生，加拿大安大略省政府资深经济师。

王老师是一位具有深厚学术功底和渊博学识的经济专家，她在经济学的园地里辛勤耕耘，硕果累累。她的研究常常带有鲜明的时代特色——这一方面是因为她怀有强烈的历史使命感，另一方面是因为她具有敏锐的学术洞察力。这也使得她的研究成果具有少见的前瞻性，使得她的研究工作在不断创新的同时，无可争议地走在了时代的前列。王老师从事的经济体制改革比较研究和苏联东欧经济改革方面的研究，以及后来她在老年经济学方面从事的研究工作，只是其中的典型例子。

20 世纪 80 年代中期，中国经济改革的重点正在从农村转向城市。当时，对于下一步中国经济改革究竟该怎么改，社会各界并没有形成一致的看法。而与中国经济体制相近的苏联东欧各国，早在 20 世纪五六十年代就开始了经济改革，经过一段停滞之后，这些国家又于 20 世纪 80 年代初掀起了新的改革浪潮。那么，苏联东欧各国改革的最新进展是什么？有哪些特点？它们的改革实践是否能为我们的改革提供一些借鉴？这些问题在当时来说，非常现实而又亟待回答。在这样的时代背景下，王老师结合自己多年在经济体制改革方面的比较研究及对苏联东欧经济改革方面的跟踪分析，很快在经济学系开设出了一门“苏联东欧经济改革理论”的研究生学位课程，对苏联东欧诸国的改革进行系统的讲解和分析。不难想象，这门课肯定会是一门很受欢迎的课程，因为它适应着时代的需要。事实的确如此。

王老师开设的这门课，原本是研究生的学位课程，按理仅限于系里的研究生去上。但是，当时在复旦进修的教师们也很想听这门课，于是，只得将教室改在一间能容纳上百人的大教室。可是没想到，这间大教室仍然不够用，常常是不少人不得不坐在走廊里听课。我至今还清楚地记得，自己骑着自行车飞快地从南区赶往校内那间大教室去占座时的情景。与听这门课的所有人一样，我是在上了王老师的这门课之后才对苏联东欧各国改革有了比较全面的了解。也正是通过王老师的这门课，我才对经济体制改革的理论和实践产生了浓厚的兴趣，继而萌生了将来毕业后要到与国家的经济体制改革和发展有密切关系的部门去工作的想法。当我把自己的这一想法告诉王老师后，王老师对我非常支持。她勉励我好好努力，多读些书，多思考些问题，多做些笔记，不断充实自己。她的这些谆谆教导，让我受益无穷。我迄今为止，一直都还保留着读书记笔记的习惯。到了读研究生的最后一年，在王老师的大力推荐之下和复旦研究生院院长办公室的安排下，我有幸参加了由国务院发展研究中心专家专程来沪主持的面试，随后被录取为该中心的正式研究人员。后来我到了北京工作，王老师仍然一直关心着我的成长，有时来北京开会还会专门抽时间找我面谈。在她的鼓励之下，我在发展研究中心参与了不少对内对外的重大课题，还被发展研究中心的主要负责人指定兼任吴敬琏老师的研究助手。回想起这一切，我不得不由衷地感激王老师对我在学业上的指导、做人上的教诲和生活上的关怀。

进入20世纪90年代，王老师的学术研究转向了老年经济学。她在繁忙的研究之余，领导并参与了复旦老年经济学研究所的创建工作，自己还出任了该所的首任所长。老年经济学当时在中国，属于一块尚未开垦的处女地。人口老龄化、社会养老保险制度不健全等带来的一系列经济社会问题，还没有引起足够的重视。但是，王老师凭着她在学术上的敏锐性和深厚的经济学功底，在老年经济学这块沃土上，默默耕耘，发人之所未发，在年届 64 岁时出版了我国第一部《老年经济学》，为中国老年经济学的发展作出了开创性的贡献。从经济体制改革比较研究转入老年经济学，其跨度之大，其难度之大，是显而易见的。但是，王老师并没有因此产生过任何动摇。她一如既往，潜心研究，积数年之功，竟初创之业，成一家之言，其精神是何等可贵，何等值得我们学生去效仿。“岁老根弥壮，阳骄叶更荫”，这正是王老师晚年学术生涯的一个真实写照。现在，老年经济学在中国已经发展成为一门非常重要的学科，对国家的人口政策、就业政策、社会保障政策等已产生了举足轻重的影响。作为这门学科在中国的先驱，王老师的功劳是巨大的，是无可替代的。

2006 年秋，我去洛杉矶拜见王老师和她的先生袁缉辉教授。师生阔别近十四年后再次重逢，心里格外高兴。一见面，王老师就仔细问起我的工作、生活情况。在得知我在国外早已成家立业后，她欣慰地说了不少勉励我的话，说话时的神情与我在复旦读书时一模一样。是的，在她面前，我永远都是她的学生，她永远都会把自己的学生当作自己的孩子来关心、来爱护。与王老师一样，袁老师对我们学生也是关爱有加，总是为我们排忧解难。我经常这样想，自己能遇到王、袁两位这样德高望重而又和蔼可亲、充满爱心的好老师真是三生有幸。临别前，王老师还特地赠送给了我一本她再版的《老年经济学》。当时，我拿着这本书，心里异常激动，觉得这本书无比沉重、无比珍贵。因为我深深知道，它凝结着王老师数年的心血和汗水，它是中国老年经济学的里程碑，它是中国老年经济学发展的历史见证！

2013 年春，王老师和袁老师来多伦多旅游，我们得以有机会再次相见。两位老师在我家做客的两天时间里,我们在一起聊了很多。其中重点谈了谈中国经济体制改革取得的成就和存在的问题。我们一致认为,相对于苏联及东欧各国的改革,中国的经济体制改革是很成功的;苏联及东欧各国改革过程中的教训是值得中国注意的,尤其是腐败问题,它是导致苏联及东欧各国政府垮台的直接诱因。王老师在她于 1989 年 4 月出版的那本《苏联东欧经济改革概论》中对此已早有论述。现在回过头来看,我对王老师当年的远见卓识佩服不已。

如今,王老师和袁老师已年近 92 岁高龄。两位老师却依然还活跃于社区的公益活动,依然还经常在微信上将许多有价值的资讯分享给学生和亲朋好友。两位老师在社会实践上的这些身体力行,在学术研究上的这种孜孜以求,实在让人景仰,让人感动。衷心祝愿两位老师身体健康,寿比南山!

2018 年 2 月一稿,2023 年 8 月二稿

同爱共辉　精彩人生

张爱芳

光阴荏苒，时光飞逝，自 1986 年师承王爱珠教授攻读复旦大学经济学系社会主义经济学研究生至今已有 36 个年头了。36 年前与王爱珠和袁缉辉夫妇相遇相知，在王老师的悉心教导下攻读硕士研究生课程，这期间听了很多当时的热门课程，其中

张爱芳、时光辉(高级工程师)夫妇

张爱芳，复旦大学经济学系社会主义经济学专业 1986 级硕士研究生，上海银行营业部高级主管。

包括王老师亲自教授的“苏东经济改革理论”“社会主义经济理论与体制比较”等。王老师讲课思路清晰，逻辑缜密，至今记忆深刻，听她的课很是受用。不久又认识了袁老师，袁老师风度翩翩，热情好客，并不拿我当外人，像对自己的学生一样，令我感到温暖。36 年间袁老师夫妇于我师恩难忘，更是父母般的存在。我在跟随王老师学习专业课程的同时，耳濡目染王、袁老师的学识智慧和见解，对学术的执着追求和认真钻研，敏捷的思维、看问题的透彻及老一辈知识分子的勇气和担当！

《同爱共辉》框架结构独特新颖，内容充实丰满，从传略到金婚钻石婚，涵盖了袁老师夫妇精彩圆满的一生。光序章就有五篇，可见王袁伉俪交友广泛，为人友善，大家情之所至，笔墨自来！后续“心路回眸”“学术撷英”展示了王、袁老师在经济学、社会学及老年学领域付出的努力及取得的丰硕成果，“见证历史”更是诸多同行、同事或弟子们对袁老师夫妇学术生涯笔耕不辍、孜孜以求的高度认同与景仰，对二老的大家风范及美满家庭生活的钦佩与祝福。“见证历史”让整本书更加立体丰满，有滋有味。桃李不言，下自成蹊！公道自在人心！

结合自己跟随老师学习的经历，书中几处让我印象深刻，深切地体会到王老师天资聪慧，后天勤奋努力，执着追求，遇事决断不含糊的勇气和魄力！一是传略“连跳两级的王家二小姐”一段，王老师 1949 年职业高中毕业，没有读过大学必考的物理、化学和生物，却能在短短几个月自修完别人三年才能读完的理化生课程，并一举考上安徽大学，这是怎样的勇气和执着！正是初生牛犊，少年壮志！二是传略“从南斯拉夫看世界”一段，王老师赴南斯拉夫进修时已经快 50 岁，自己学的是俄语，到南斯拉夫用的是塞尔维亚语，面对新环境新语言，王老师思之再三，还是克服一切困难，勇敢地前去迎接新挑战，并且在南斯拉夫又克服了种种意想不到的困难，最终完成学业。这又是何等的勇气和魄力！正是有这种勇气和魄力，这种敢想敢干的性格品质，再加上天资聪慧、勤奋努力，助力王老师达到了今天的学术高度和人生境界！

序五提到，袁老师关心同学，嘘寒问暖，帮助同学解决实际困难，我也是深沐师恩。袁老师出身豪门，却从来没有一点架子，平易近人，真正大家风范。在父亲过世我伤心欲绝时，在我失落迷茫的时候，王袁老师总是尽全力开导，帮助我尽快走出低谷，让我感受到父母般的关怀。1989 年研究生毕业时，又帮我牵线搭桥联系工作。大学毕业后，袁老师夫妇几次到我家做客，关心了解我的工作生活情况，倾尽师生之谊，对我关心爱护，让我感受到别样的亲情和温暖。王老师制作的珍珠小狗精巧灵动，我至今珍藏着。

金色晚年，袁老师夫妇提倡积极养老，将老年学的精髓浓缩成五个“老有”：老有所养、老有所医、老有所为、老有所学、老有所乐，并忠实践行，活成了大家羡慕的样子。他们出生于 20 世纪 30 年代，一生经历了战乱、动荡和“文革”十年浩劫。经历了这么多磨难，千锤百炼却依旧潇洒，充满活力和朝气。王老师退休后开始学习英文，于 65 岁学钩针，75 岁学串珠，85 岁学舞蹈；袁老师则学习电脑打字、美术编辑、图文排版等电脑知识及摄影、剪辑照片等，二老坚持动脑动手又动腿，每天早晚走路 10 000 步，常年不辍；90 高龄了还用微信和众多亲朋好友保持联系，每天互致问候，并经常发送些有趣好看的帖子，退休多年社会交往依旧广泛和活跃。他们真的是忘记了年龄，忘记了疾病和烦恼，一生忙碌没有时间老去。这般洒脱的人生态度，健康的积极向上的心态，令人钦佩！二老真正践行并做到了延年益寿，给生命以时间；以健康的身体、丰富有意义的生活，为家庭为社会作出了贡献，给时间以生命。为我们后辈树立了绝好的榜样！

正如袁老师夫妇北京老友的金婚贺词：

甜也做苦也做，顺也做挫也做，共攀学界高峰；
易也为难也为，壮也为老也为，同获学术硕果！

辛丑年年末，即2021年12月21日、2022年1月15日袁老师夫妇度过了九十双庆！衷心祝愿二老福如东海长流水，寿比南山不老松！

六十年沧海桑田，他们谱写着最浪漫的爱情故事，他们携手一起走过银婚金婚钻石婚，又一起携手走过九十双庆，此生圆满，夫复何求！

巧的是我和我先生的名字（爱芳、光辉）里也有爱和辉两字，王老师祝福我们同爱共辉：热爱事业，成就辉煌！作为学生和晚辈我们定当以老师为榜样，热爱生活，努力作为。

2023年2月

伉　俪

——王爱珠、袁缉辉：《同爱共辉》，谱写人生篇章

刘丽静

王爱珠，1953年复旦大学经济学系毕业、留校任助教。1960年复旦大学任讲师。1980年复旦大学任副教授、经济学系政治经济学研究室主任、社会主义经济研究室主任。1980—1982年南斯拉夫访问学者。1985年复旦大学任教授、老年经济学研究所所长。1994年退休。

袁缉辉，1953年复旦大学经济学系毕业、留校任助教。1956年中国人民大学研究生毕业，1960年复旦大学任讲师，1980年任复旦大学副教授、政治学系政治学教研室副主任、复旦大学分校（上海大学文学院）政治系系主任、首任社会学系系主任，1985年任上海大学教授，1986年任社会学研究所所长，1997年退休。

王爱珠与袁缉辉这对伉俪，出生于20世纪30年代初，成长过程中，历经民国的风云变幻和战争动乱；中华人民共和国成立前后，他们进入大学读书，后在复旦校园相遇，又一起留校任教；与学术研究相伴，他们也经历了多年政治运动，甚至是经历了从

刘丽静，复旦大学新闻学院硕士研究生。

“改造者”到“被改造者”的身份转换；改革开放以后，他们的研究领域分别从比较经济学到老年经济学，从社会学到老年社会学，各自开创了新的天地，又找到了共同的学术旨趣，这种学理也延伸到了他们的日常生活中——他们的老年生活也一如所学，老有所为，老有所乐。

65年来，两人相知相守，共同打造了一个十六口人、四代同堂的大家庭。现两人移居美国，与后代共享天伦之乐。

2005年金婚之际，袁、王邀请众多同事和学生共同谱写了两人的学术与人生传记《同爱共辉》，并以之为复旦大学百年校庆献礼。今年(2020年)，又将其修改和再版。在疫情奔波和审校书籍的忙碌之中，两人拨冗接受了本刊的采访。

少年往事：从南京到上海

在那段波澜壮阔的历史中，袁缉辉与王爱珠都有着不同寻常的童年经历。

袁缉辉1932年1月出生于安徽芜湖，原名为李家晖，曾祖父是李鸿章的六弟李昭庆。父亲李国源早年留学英国，先后进入外交界(曾任驻仰光代理总领事)和实业界(全面抗战前参加创建江南铁路局，1950年在上海创办侨商碳酸钙厂)。

父亲的原配是段祺瑞的大女儿段式萱，其因病身亡后，续娶了福建陈家的小姐陈琪玉(陈箓之妹)，又生了七个孩子，李家晖排行第五。按照大家族间联姻的规矩，父亲李国源仍然作为段家的大女婿，保持频繁往来。在1935年的一次走动中，段祺瑞的三女儿段式巽看中了年仅3岁的李家晖，将其带回南京家中

（不久迁居上海），不愿交还，将孩子改名袁缉辉——段式巽的丈夫是袁世凯的侄孙袁家鼐。由此，袁便被嵌入在李家、段家、袁家的关系网络中。

袁缉辉在段氏夫妇家长大，母亲段式巽喜爱中国古典文学，在他的记忆中，家中往来的都是清朝遗老，或颇有国学积累的老学究。这对袁文人气质的形成多多少少产生了影响。

1950 年，袁缉辉从复旦中学考入复旦大学经济学系。

王爱珠 1931 年 12 月 21 日生于南京。其祖上在南京经商，全面抗战前，父亲在建康路和夫子庙经营两间饭馆，雇用了约三十人，家境较为殷实。1937 年 12 月 13 日，上海沦陷一月后，日军北上占领南京，赶在南京沦陷前，王爱珠全家逃往江苏六合县（今南京市六合区）一个亲戚家避难，躲过了那场惨痛的南京大屠杀。12 月 15 日，日军也侵占了六合县城。在王爱珠的记忆里，那个时候，为了躲避洗劫，自己经常拉着妈妈的衣角跟着人群东奔西跑，最紧张的时候，全家白天躲在地窖和草垛里，日军的叫喊声就在耳边。几个月后，回到南京时，店铺和房子早已烧毁，财产也被洗劫一空。

艰难的生活令王爱珠意识到，凡事只能自己想办法，从小养成了上进心强的性格。她勤勉好学，读小学时，曾连跳两级。考中学时，由于患了伤寒，错过招生考试，病好后只得托人进入职业中学（南京市商业职业中学），没能就读普通中学。但这并没有打击到王爱珠，她的成绩仍然名列前茅，1949 年高中毕业时名列全校第一。此时的王爱珠想要继续考大学。职业高中不读理化生，这三门却是高考必考科目，她用了几个月的时间“恶补”完课程，一举考上安徽大学。

报考大学时还有一个插曲。根据规定，职高毕业生工作三年后才能报考大学，但王爱珠靠着自己的口才说服了报名处老师。她的口才一直是公认的好，中学时期进行社会募捐活动时，同学就评价她，讲话特别“能感动人”。

新中国土地改革时期，大学生要到农村参加运动。王爱珠和同学们去的是当时据说最穷的安徽霍邱县和寿县，但因地方贫困，没有地主，大家只好“狠挖”富农。住在农民家的半年时间，睡地铺，吃红薯、高粱，令王爱珠深深感受到农村生活的艰辛。复旦大学的学生也被安排下乡，袁缉辉在安徽的灵璧县待了半年。

进入安徽大学一年后，王爱珠从农艺系转到经济系。1952年全国院系调整中，震旦大学、金陵大学、南京大学、安徽大学等大学的经济学系被合并进复旦大学经济学系，集中办学，由此，王爱珠来到复旦，与袁成为同窗。

相遇复旦：从同窗到同巢

当时的经济学系分为计划组和理论组，两人都被分在理论组，且都任团干部，袁是副书记，王是学习委员。

王爱珠记得，当时大学生活比较简单，自己只想着读书，保持了一贯的勤勉好学的品质。蒋学模教授在《同爱共辉》序中提及，因为思维敏捷，讲话又快，王爱珠还被大家赠予“机关枪”的外号。课堂讨论会是大家各抒己见、你争我夺的场合，袁缉辉有时也会和王爱珠“叫叫阵”。

久而久之，这个逻辑推理严谨、表达幽默机智的女孩进入了袁缉辉的心里。他发现王爱珠喜欢看书，尤其是大部头的马列原著，但家中经济条件不算充裕，宁愿省下集体去杭州旅游的3元钱去买《资本论》。故而，袁买来《列宁选集》四卷本、《斯大林全集》精装本等送给王爱珠。只是，当时助人为乐的风气盛行，同学间常互帮互助，王爱珠尽管感激，却没能悟出些什么，令袁缉辉有些失落。

每天晚上图书馆关门时，走出来的王爱珠经常会“碰巧”遇见袁缉辉，一路同行回宿舍。王爱珠会和袁聊各种课题，袁缉辉也附和着讨论，却一直没有机会表达内心的情感。

因为同班同学很多，有一百多号人，王爱珠也一心读书，对袁则没有特别的印象。

1953年毕业时，系里有三个留校名额，王爱珠和袁缉辉占据其中两个。王爱珠留在经济学系，当蒋学模教授的助教，同时教授其他系的政治经济学；袁缉辉则被分配到马列主义教研小组，以苏共党史为基本教材，教授马列主义基础课。

不久，袁缉辉被派到中国人民大学研究生班进修，时长两年，使得告白一事被提上日程。到北京后，袁缉辉立马给王爱珠写信，从旁敲侧击，到直抒胸臆，一日一封接连轰炸，最终换回了王爱珠的回信。

“尽管每七封信才换回一封信，这已经是不小的胜利了，能为他带来一周的快乐。”上海市作家协会会员宋路霞在《同爱共辉》中如此记述。

1955年的寒假，两人举行了简单的结婚仪式——自家人一起吃了一顿饭。当时勤俭节约的风气盛行，凡事讲究革命化，不贪图享乐；且教书是十分清贫的工作，两个年轻人连拍结婚照的钱都没有。他们向学校借了一间房、一张床,双方母亲各自送来一匹缎被,系主任朱伯康教授和蒋学模教授合送了一套餐具,这便是这个刚建立的小家庭的全部配置。

一年后,两人的工资提升了一级,学校给每人补发了30元钱,夫妻到万象照相馆补拍了一张结婚照,又到南京路花五十几元买了一块手表,以供王爱珠上课把握时间。最后,他们到外滩的和平饭店吃了一顿"奢侈"的饭,有两碗饭、一份虾仁炒蛋、一份粉蒸肉……饭菜的美味至今难忘。

两相交织:学术发展与政治运动

留校后,王爱珠展现了很强的学术研究能力,其社会主义经济研究课受到学生的广泛欢迎。蒋学模教授记得,"王爱珠留校不久便在《解放日报》上发表文章,是留校青年助教中发表文章最早、提升讲师职称最早的一个"。

1959年到1961年,王爱珠住在上海顶级的花园洋房丁香花园,参加了由姚耐、雍文远、蒋学模和苏绍智等人主编的《政治经济学教材》编写组。编写过程中,她思维敏捷、责任心强、今日事今日毕的品质,给领导留下了深刻印象,之后有编写教材或词典的项目,王爱珠常在其列。

20世纪60年代上半期,除了集体的科研项目,王爱珠把研究重点放在与农村实际情况相联系的问题上,写下《谈谈社会主义制度下的级差地租》、《经营管理好坏是产生级差地租的因素吗?——与汪旭庄等同志商榷》(合作)、《关于按劳分配的客观必然性》等文。

1965年，北京召开的全国高、中等学校政治理论课工作会议期间，中共中央领导接见了高校系统的优秀教师代表，王爱珠作为复旦代表，即在其列，大家与毛泽东、周恩来、彭真、贺龙等国家领导人一起合影留念。袁缉辉则一直在马列主义教研室，教授《联共（布）党史简明教程》。1964年，资本主义国家经济研究所（即后来的世界经济研究所）建立，袁被调该所。由于年代特殊，学术研究之外，政治运动也常伴两人左右。

1955年，“肃反”（“肃清反革命分子”）运动扩大化时，青年教师被视为依靠对象、革命动力，批斗老教授。王爱珠被抽去整理“反革命”分子和历史“反革命”的材料，发现有些“反革命”的言论与其说是立场问题，不如说是一般的思想认识问题，如此一概而论是否有利于党的事业？本着对人民负责的态度，王爱珠写下《思想问题与反革命问题》一文，投稿给报纸。在宁“左”勿右的运动中，这种直抒胸臆、敢讲真话的精神显得难能可贵。由于“出身不好”，袁缉辉在立场问题上则格外小心。

1956年要求“鸣放”时，袁正在教授物理系大四的马列主义基础课，这个年级的学生被学校视为运动的突破口，大会小会地鼓励“鸣放”；不久后话锋一转，又反过来抓右派学生、批右派言论，袁缉辉作为政治课老师难逃“罪责”，幸而复旦大学党委宣传部部长吴常铭秉承实事求是的作风，暗中保护了袁缉辉，使其有惊无险地度过。

1966年，十年浩劫开始，两人就没那么“幸运”了。随着年龄的增长，曾经的革命主力变为了革命对象，他们分别有了需要清算的“罪行”——袁缉辉的“罪行”包括为生父李国源作担保，助其到香港兄长处养老，王爱珠在校的名气更大，被扣上“蒋学模之流”“修正主义的苗子”的帽子，甚至被污蔑曾参加国民党——理由是王爱珠的家乡南京是旧时国民党的政治中心。在两人的记忆里，那段时光总有无休止的政治运动和派系斗争，他们经常要下乡劳动，每年“三夏”（夏收、夏种、夏管，一年中第一个大农忙）、“三秋”（秋收、秋种、秋季田间管理），“五七干校”（将党政机关干部、科技人员和大专院校教师等下放到农村，进行劳动的场所）、长途拉练，从崇明、奉贤的农场，宝山的乡镇，到江苏望亭，都有两人插秧、割稻、刈麦的身影。有时还会出现紧急战备，一声号令，便要打包去到宝山乡下。父母的出身和经历对孩子有很大的影响，儿子袁道唯随父姓，给他带来一些“苦恼”。他说上历史课讲到辛亥革命，袁世凯的名字就会出现，这时就会看到来自同学的各种目光。为避免给孩子造成压力，女儿出生后随母姓，叫王玮。当然，这也和新中国成立后妇女地位的提高有关。王爱珠的一个同事生了四个孩子，第二个和第四个都随母亲姓；王爱珠本人也不喜欢“外公”“外婆”的叫法，父母亲帮自己照顾孩子时，孩子对老人统称“爷爷”“奶奶”。如今，王爱珠的孙辈们也统称两人为“爷爷”“奶奶”。两位老师在家时，“不是看书就是写书”，家里有大量文科书籍，熏陶之下，孩子们也勤勉好学，且对文科有独特兴趣。儿子袁道唯喜欢文科，但对各种政治运动心有余悸的父母，认为文科离政治太近，容易出“问题”，最后帮其选择了介于文理之间的医科。不过，袁道唯在上海第一医学院就读期间，中国也加快了对外开放的步伐。

1981 年，袁缉辉在香港的哥哥姐姐的资助下，送袁道唯到美国读书，其后获南加州大学工程学硕士与哲学博士，并做了两年博士后研究，现在是亚信科技副总裁、首席咨询官，但他始终保持了对文史的偏爱，业余时间常常“泡”在“史海”里。女儿王玮则是美国南加州大学社会学硕士，曾任美国加州房地产经纪人协会资深研究员，如今已退休。

袁缉辉：从社会学到老年社会学

党的十一届三中全会召开后，国家开始拨乱反正。在这个政治清明的时代，袁的思想也空前活跃起来，走在恢复社会学界的最前沿。

当时袁缉辉从世界经济研究所调出，参与筹建复旦大学分校，并任政治系主任。其间，他提出在复旦分校设立中国第一个社会学系的主张。

老一代社会学学者心有余悸，恐重蹈覆辙，甚至有一位北京的社会学老讲师跑到袁家劝阻。但在袁缉辉看来，“如果国家再搞一次反右的话，国家也要完了，个人还有什么安危可言！”他反复向有关方面说明情况、提出申请，同时与刘炳福教授合写了多篇论文，澄清舆论对社会学的模糊认识。

当时教材和教师稀缺，袁便骑着自行车，到全市相关高校和科研单位一个个联系和动员人才，争取到系里上课。复旦大学的蒋学模、伍柏麟、洪远朋教授，华东师范大学的吴铎、桂世勋、周尚文教授，大百科全书出版社的邓伟志研究员，甚至学界泰斗费孝通先生，都被请到当时的西江湾路校舍，为学生们上课。

由此，1980 年，中国第一个社会学系创办起来，并具备相对完善的课程体系和国际交流机制。据首届学生王勋回忆，系里为学生们开设了“社会学概论”“社会调查与统计”“社会心理学”

“社会学史”和“西方社会思想史”等社会学基础课程，辅之以“人口社会学”“欧美社会问题”“苏联东欧社会问题”等课程。上海大学社会学系常务副主任、教授胡申生回忆，当时美国、日本等国家和中国香港地区的社会学名家多次到系里作学术演讲，袁教授和系里其他教师也多次出国或到香港、澳门地区讲学和进行学术交流：“正因为经常有这种国际、地区之间的学术交流，才使得当时复旦大学分校社会学系的教师和学生见多识广。”

紧接着，袁缉辉又创办了第一个社会学研究室和第一本社会学杂志《社会》，形成教、研、出版三位一体的社会学研究架构。学生孙嘉明，现任美国德州农工大学社会学教授提到，《社会》杂志不仅为社会学界提供了交流渠道，也为复旦分校社会学的师生开辟了学习和发表习作的园地，他本科期间第一篇习作就发表在《社会》杂志上。

关于这三个“第一”，曾任中国社会学学会副会长、上海市社会学学会会长的邓伟志教授如此评价：“袁缉辉在几位不畏艰险的学者型领导同志的带动和支持下，在‘文革’后率先设置了中国第一个社会学系，率先成立了中国第一个社会学研究所，率先创办了中国第一本社会学杂志。也许后来者可以居上，但是，第一永远是第一。袁缉辉的这三个第一，是载入中国社会学史册的。”

与此同时，袁缉辉在老年社会学领域也有所开拓。

1979 年，上海已然步入老龄化城市，当时的上海有几百万退休产业工人，老年人的生活、就医、养老、心理、再婚等问题成为重要的社会现象。随着全国性老龄化社会的来临，老年社会学必然成为一个重要研究领域。

袁撰写了一系列文章,如《开展老年社会学的研究是一件大事》《老龄问题是当今世界重大的社会问题》《人口老龄化问题不能不成为中国关注的重大问题》《老年学的建立与发展》,又主编《老龄问题》、《当代老年社会学》(合编)、《老龄化对中国的挑战》(合编)、《社会老年学教程》(合编)等书。

1985 年,袁缉辉参与筹备的上海市老年学学会成立,这也是我国第一个地方性的老年学学会,袁连任四届副会长。1986 年,中国老年学学会成立,袁缉辉被选为理事。学术活动之外,袁缉辉也重视将学术理论与现实关怀相结合。1990 年,在袁的推动下,上海大学文学院成立老年学培训中心,对全国各地涉老单位干部进行理论培训。1992 年下半年,袁缉辉向上海市有关领导提出建议,由市老龄委和各高校、社会科学院合作建立研究机构,先后成立了上海市老龄科研中心和六个研究所。

王爱珠:从比较经济学到老年经济学

1980 年到 1982 年,王爱珠获得了学校唯一一个到南斯拉夫进修的机会。南斯拉夫是当时社会主义国家中经济改革走在最前面的国家,有许多问题和现象值得研究和学习。年近 50 岁的王爱珠和同一批出国人员——来自各个专业的教师和大学生等一百多号人,在南宁的广西大学接受了外籍教师为期四个月的语言培训。之后,她先后在塞尔维亚经济研究所和贝尔格莱德大学经济系考察,进行经济理论和经济体制的比较研究。其间,她用塞尔维亚语写成《中国和南斯拉夫生产资料所有制异同》,摘要发表在南斯拉夫杂志《自治》(1982 年第 9 期)上。

回国后，王爱珠对苏联和东欧国家的经济体制改革问题保持了关注，应邀在许多高校讲授苏联和东欧国家的经济理论和经济体制比较，通过对授课笔记的整理，写成《苏联东欧国家经济改革概论》一书，同时发表《苏联东欧国家体制改革的经验》等多篇文章。王还翻译了南斯拉夫教授德拉戈留布·德拉吉希奇的《生产资料社会所有制》，并与他人合作翻译了约热·戈里查尔的《社会学——马克思主义关于社会的一般理论基础》，以支持袁的社会学研究。

回想南斯拉夫的时光，王爱珠至今印象深刻。当时南斯拉夫生活水平远高于国内，但按国家规定，进修的生活费每月仅有150美元，非常紧张，同事们只能到市场买便宜的食材，再自己回去加工。由于当地鸡蛋和鸡肝便宜，大家几乎一年四季都吃鸡蛋和鸡肝；因为猪肉价格昂贵，两年里，王爱珠没有吃过一次猪肉，有些不吃肉不行的人，便去买来猪头肉。相比成品，面粉价格更加便宜，男同志们用啤酒瓶当擀面杖，自己擀面条，王爱珠记得，当时南斯拉夫的女教师还会打趣，中国男士这么会做家务。两年时间里，王爱珠瘦了10斤。

当然，这段时光也给自己的学术带来了很大收获。只是，随着20世纪80年代末苏联和东欧的政治巨变，这一方向只能停滞下来。

这时，袁缉辉的老年社会学为其提供了思路。两人在家中常进行一些学术交流，使得王爱珠对老年学产生了兴趣。

尽管老年经济学在国外已有半个多世纪的研究，但在中国仍然是一个新课题。20世纪90年代，上海、北京、天津、浙江和江苏等省市已进入老龄化，而到世纪末，整个中国都将进入老龄化社会，作为世界上老年人口最多、但又在经济不发达情况下进入老龄化的国家，必然产生大量值得研究的问题。1993 年 3 月，在上海市老龄科研中心的支持下，王爱珠与学校有关领导、部门沟通，在复旦大学经济学院创办老年经济学研究所，并任首任所长，组织起老、中、青三代的研究队伍。针对“退休职工再就业”“开发老年市场”“退休人员共享社会经济发展成果”等问题，王爱珠进行调研，发表了《上海市区退休职工再就业状况》(合作)、《更新思想观念，繁荣老年市场》、《离退休人员应当分享社会发展成果》等文。

与此同时，王爱珠还参加了亚太地区第 4 届老年学大会(1991 年 10 月，日本)、第 15 届国际老年学大会(1993 年 7 月，匈牙利)等多次国际和国内会议，结识了许多国内外专家，并积累了资料。

最终，通过对一手资料的把握，并以最新经济学理论和老年学理论为指导，王爱珠写成了《老年经济学》一书，于 1996 年由复旦大学出版社出版。

这是国内第一本老年经济学著作，一经出版，立即受到广泛重视和高度评价。上海财经大学教授裘逸娟在书中写道：“作为我国第一部正式出版的《老年经济学》，在这个领域具有开拓创新、填补空白的重要理论意义；对即将进入人口老年型国家的我国，具有超前性和指导性的重要实践意义。”中国人民大学荣誉一级教授邬沧萍指出：“王爱珠能够利用马克思主义关于扩大再生产的生产、分配、流通、消费四个环节为体系分析老年人口的经济过程是一种创新。在体系上，与西方老龄化经济学(economics of aging)从人口老龄化对经济的宏观影响的体系有所不同，不失为一家之言。”

该书被列为上海市哲学社会科学“八五”规划重点项目的研究成果，荣获中国老年学学会颁布的中国老年学研究十年成果一等奖、教育部颁发的普通高等院校第二届人文社会科学研究成果经济学三等奖、1999年度复华教学科研奖。

著作出版后，王爱珠继续在老年经济学领域钻研，关注深层次问题，发表了《退休金实质和形式的矛盾——兼论21世纪退休金改革方向》等文。同时，她也在复旦大学为经济学系研究生开设了“老年经济学”课程，亦为全国率先。

复旦大学教授李洁明指出，可以说，在老年经济学领域，王爱珠也连创三个“首”字：首创老年经济学研究所，首写《老年经济学》专著，首开“老年经济学”课程。这与袁缉辉的三个“第一”相呼应。

“在王老师的影响下，复旦大学一支中青年研究老年经济学的队伍逐渐形成”，复旦大学经济学院原院长袁志刚评价道。

教学相长：严谨治学，关怀学生

本着学术研究应严谨负责的精神，王爱珠和袁缉辉还敢于在各种场合发表意见。

中国社会保障学会荣誉理事、华东师范大学终身教授桂世勋，常与教授夫妇共同参与上海市和全国的研讨会或其他学术活动，对此颇有感触：“不管面对的是政府部门的官员，还是国内外著名的学术大师，当他们发现其谈论老龄问题的某些重要观点或措辞值得商榷时，便在会上或撰文直率提出自己的不同意见。”

1997年，华龄出版社出版了由中国老龄协会主编的《中华人民共和国老年人权益保障法释义》，袁、王二人发现其中有一些明显错误，例如，将“家庭养老”和“居家养老”概念混同（“家庭养老”指老年人的经济来源为家庭成员，与“社会养老”相对应；而“居家养老”则指老年人的居所为家庭），再如，将“养老院”与“老年公寓”混为一谈，对实际工作造成混乱。王爱珠写下《正确理解家庭养老和社会养老的科学涵义——评〈中华人民共和国老年人权益保障法释义〉若干观点》一文，将文章投稿《复旦学报（社会科学版）》，得到发表（1998年第2期）。《中国老年报》的专版负责人甚至聘请两人担任该报的学术顾问。

学生沈妍、上海市老龄科研中心研究人员谈道：“彼时也有不少人劝两位教授不必太过较真，但他们二位却十分顶真，坚定地站在同一阵线，在各种场合进行澄清……令我最为敬佩的并不仅仅是他们严谨的治学态度，更是作为学者为坚持真理而无畏的风骨。”

而面对学生晚辈，两位教授又体现出关心和爱护的一面。在王爱珠的学生、现任复旦大学马克思主义学院教授顾钰民看来，王爱珠做学术研究态度十分严谨，但作为学者又十分谦逊，上课时，“总是平等地与大家一起讨论，尊重每一个同学提出的问题和看法，也吸取每一个同学在讨论过程中的合理思想，用充分说理的分析纠正同学们的一些不正确的看法”。同时，生活上，“我们有什么困难，有什么问题需要解决，她总是满腔热情地帮助我们”。

沈妍也在书中写道：“遥记当年在社会学系就读之时，先生给我的印象一直是一个风度翩翩、性格随和风趣的人，与想象之中不苟言笑、肃穆端方的老教授形象相去甚远，反倒更像一位慈祥的长者。”

尽管毕业多年，不少学生都与两人保持了频繁的联系。现在加拿大安大略省财政厅工作的袁平回忆道：“2006 年秋，我去洛杉矶拜见王老师和她的先生……她欣慰地说了不少勉励我的话，说话时的神情与我在复旦读书时一模一样。是的，在她面前，我永远都是她的学生，她永远都会把自己的学生当作自己的孩子来关心，来爱护。”加州大学洛杉矶分校医疗集团财务部副主任王俊在美国也常与两位老师共度时光：“袁老师夫妇的朋友圈不只局限于同龄老年人，他们也非常乐意和比他们年轻的一代交往，而不摆出长者的架子。”

老年生活：老有所学，老有所为

袁、王二人的老年生活，即对其老年学术成果的实践。在他们看来，要实现老有所养、老有所医、老有所为、老有所学、老有所乐，既需要全社会的支持，更需要老年人自身的努力。2003 年，两人移居美国洛杉矶，常住女儿家，帮助照顾孙辈，也享受三代同堂之乐。早在 20 世纪 90 年代退休之前，两人就经常往返上海和美国，照顾儿子和女儿的孩子们。在王爱珠看来，“与其自己再拼搏，不如让年轻人去拼搏”，过去自己年轻时，就是母亲为自己解决了后顾之忧，现在，也应当这样帮助自己的子女。如今，他们的孙辈和曾孙辈也都在优秀的学校读书，或已毕业进入职场。

在医疗健康方面，两人深切体会到，“最好的医生还是老人自己”。除了按照医嘱定时吃药和体检，他们也会加强自身锻炼，“多动脑，勤用手，管住嘴，迈开腿”，一边注意控制高血压和糖尿病的饮食，一边力求“日行万步”。

为了适应时代变化，特别是移居美国后的生活，袁、王分别花了很多时间学习电脑和英文。2006年台湾秀威出版公司发行《同爱共辉》繁体字增订本，其简转繁和增订工作的顺利进行，和袁积极学习电脑打字、编排图书等知识是分不开的。其后，袁又将多年拍摄的照片分类整理，汇编成《同爱共辉　双羊八十》和《同爱共辉　续谱新篇》两本画册。学生王俊发现，电脑、智能手机、iPad、微信，袁老师“对新事物一点都不落下”，“虽是退休多年，但他的社会交往依然非常地广泛和活跃”。王老师65岁(1997年)时在上海老年大学钩针班学习了半年，为自己和孙女钩织了毛衣背心、围巾披肩、帽子、背带等物品。75岁开始(2007年)，又每周在阿凯迪亚购物中心跟朋友们学习串珠，至今累计做了上千件用塑胶珠、玻璃珠、水晶珠串织的各种小动物，分门别类地陈列在卧室玻璃橱柜内。在美国南加州复旦大学校友会的春节联欢会和老年公寓的节日派对上，这些手工艺品作为奖品参与联欢抽奖，在汶川地震、海地海啸等灾难事件中，这些手工品也参与过义卖捐款。

王爱珠还用珍珠串织了上百件项链、手链、耳环、戒指等饰品，分享给亲朋好友。其中，三个孙女是她的首要分享对象。一次，在购物中心，双胞胎孙女诤诤很喜欢王爱珠朋友手上戴的4排珍珠手链，问奶奶能否帮自己做一个，王爱珠随即请儿媳从上海买来大小各异的珍珠，并向朋友请教，一口气做了四个。“三个孙女每人一个，我自己也留下一个做样品，以便日后继续做。”2015 年，净净结婚时，便戴着这个闪闪发光的珍珠手链。

85 岁（2017 年）开始，王爱珠还会参加老年公寓每周一次的舞蹈班，锻炼肢体协调能力。

旅行也成为老年生活的重要组成部分。移居美国后，两人先后去了大峡谷、拉斯维加斯、圣地亚哥等地，领略美国的各处风光与风土人情。过去，两人曾作为访问学者去过日本、新加坡、匈牙利、奥地利等国，2014 年，他们又在儿子儿媳的陪同下去了英国和法国。两人和女儿也常去女儿家附近的汉庭顿图书馆，也是美国最负盛名的图书馆闲逛。

2019 年新年伊始，八十八米寿之际，两人飞到位于旧金山的孙女诤诤家，拍摄了四代同堂照。在大家庭这三日的短暂相聚中，会亲、聚餐、游览和拍照，一片欢乐声。

注：本文中引用出处均来源于对两位老师的采访及《同爱共辉》一书。

2021 年 1 月

评介王爱珠新作《老年经济学》

蒋学模

老年经济学是专门研究老年社会经济问题的一门学科。诸如老年人的经济收入和经济地位问题、社会保障问题、发挥余热问题、老年人的消费和市场问题，都可以包括在老年经济学的研究范围之内，它既是社会学的一个分支学科，也是经济学的一个分支学科。

相对于人口问题来说，老年经济问题在程度上远没有那样迫切，但两者基本上是类似的。而正是因为老年经济问题在迫切程度上不像人口问题那样逼人，所以它受到人们的关注也晚得多。

老年经济问题的核心是老年人的经济收入和医疗保障问题。在传统的计划经济体制下，当我国处在国家工业化初步阶段的时候，老年经济问题确实是不突出的。但是，随着工业化进程的发展，传统计划经济体制下由各个企业自己负担退休职工养老费用的制度，使新兴产业和传统产业的矛盾逐渐凸显出来了。传统计划经济向社会主义市场经济的转变，使得退休职工

蒋学模，时任复旦大学经济学院教授。

多的老企业、老产业部门同退休职工少的新办企业和新兴产业部门之间，处于明显的不平等竞争状态；使得经济效益好的企业和产业部门，同经济效益差的企业和产业部门的退休职工，在经济收入和医疗条件方面差距日益扩大。加之，在向社会主义市场经济转轨过程中几次严重的通货膨胀和物价上涨，使得老年退休职工的生活需要和医疗需要的满足程度，同在职职工比较起来差距越来越大，老年经济问题也已经成为改革开放和社会主义现代化建设过程中一个日益引人关注的问题。

王爱珠的新作《老年经济学》“以老年经济关系及其发展变化的规律作为自己的研究对象”，具体“包括：(1) 人口老龄化与社会经济发展之间的关系；(2) 老年人与其子女或老年人口与中青年人口之间的代际交往关系；(3) 老年人在社会生产、分配、交换和消费过程中的地位及其具体实现形式”(王爱珠：《老年经济学》，复旦大学出版社 1996 年 6 月版，第 10 页)。依据这样的研究对象，作者把全书按总论篇、生产篇、分配篇、流通篇、消费篇共 5 篇 12 章的体系结构来阐述，形成一部近 32 万字的专著。

从研究对象和体系结构可以明显看出，全书是以马克思主义经济学基本原理作为指导思想的。作为我国出版的第一部《老年经济学》，作者在总论篇中介绍了国内外学者对老年经济学研究的进展情况和他们的研究成果。在生产、分配、流通、消费各篇章对具体的老年经济问题的研究中，作者也相应地阐述了西方发达国家和发展中国家特别是亚洲发展中国家的情况和问题，但这些都是为了从更广阔的视野来研究中国的老年经济问题。例如，这本书的第 4 章探讨了“老年人口再就业”问题，作者首先从社会经济发展史的角度论述了老年人口再就业既是老龄化社会的需要，也是提高老年生活质量的需要；接着介绍了世界各国老年人口再就业的状况；由此转入具体分析中国老年人口再就业的特点，并进一步具体分析了老年劳动力的供给和需求的有关问题，特别是开发老年人才资源的问题。该书第 5 章“多种形式的老有所为”则是第 4 章的延伸。首先探讨了“老有所为的内涵和争议”，老有所为的几大类主要形式，特别是详细阐述了我国以老年人为主体的各类经济实体参与市场竞争、蓬勃发展的情况，然后又从“实”回到“虚”，探讨了有关老年再就业的理论问题：老年人口再就业与年轻人口就业的关系，退休金与再就业的酬金的关系，老有所为与老有所养的关系。

初读王爱珠的《老年经济学》，觉得颇有收获。它为我国制订人口老龄化对策、发挥老年人口潜力，建立具有中国特色的养老模式、提高老年人口生活质量和促进社会经济发展提供了理论依据、改革思路、实施步骤和具体措施。我们建设中国特色社会主义，很需要以马克思主义经济学的基本原理为指导，来研究我国向社会主义市场经济转轨过程中新的经济问题。我期待继这本书出版之后，能有更多的同志来研究我国的老年经济问题，以适应我国社会主义现代化建设的需要。

本文原载《上海改革》1996 年第 10 期

亟待开发的新课题

——我国第一部《老年经济学》面世

裘逸娟

展现在我面前的这本封面红白分明而醒目的新编经济学系列教材《老年经济学》,是复旦大学出版社出版的该校王爱珠教授最新推出的一部新著,这是作者多年潜心研究的成果。

老年经济学,作为老年学的一个分支,在西方发达国家已有半个多世纪的研究历史,已出版了许多专著和教材,但这些成果离一门独立新兴学科的建立还有一段距离。对他们来说,老年经济学也还是一个亟待深入开发和探索的新课题。在我国,老年经济学的研究可以说还只是刚刚开始,无论是广度上或深度上,研究都很不够,在此之前还没有一本老年经济学方面的专著或教材面世。

王爱珠的《老年经济学》就是在这样的历史背景下,既适应我国制定人口老龄化对策和建立中国特色养老模式以促进社会主义市场经济发展的实践需要,又适应创建老年经济学新学科以推进学科发展的理论需要,而奉献给广大读者的。作为我国

裘逸娟,时任上海财经大学亚洲经济研究所所长,教授。

第一部正式出版的《老年经济学》，在这个领域具有开拓创新、填补空白的重要理论意义；对即将进入人口老年型国家的我国，具有超前性和指导性的重要实践意义。

我一口气读完这部32万字的著作，感觉是亲切、实在、有说服力。这不是从老人的视角，而是从经济学、从社会的角度来审视的。从这样的角度来审视，《老年经济学》作出的贡献在于：

一、全书坚持以马克思主义的基本原理和方法为指导

这体现在《老年经济学》既明确以生产关系，即以老年群体及其经济关系为研究对象、研究内容，并以社会生产和再生产过程四个环节来揭示人类群体老化过程中形成的诸种经济关系及其发展规律性；又坚持从社会发展两对基本矛盾的相互联系和运动中，即从生产力和生产关系、经济基础和上层建筑的相互作用与矛盾运动中来揭示人口老龄化的产生与发展及其对社会经济发展和政策制定的相互影响的规律性。这就抓住了人口老龄化现象（及其影响）中具有普遍性、稳定性的本质联系和内容，为读者展示了人类社会人口结构变化中最重要的一种变化趋势。这个变化趋势的客观必然性、不可抗拒性，不以任何人的意志为转移，必将给人类社会经济的发展带来重要影响。对这个变化趋势，人们认识对策越早越掌握主动。这对于像我国这样一个超级人口大国，又是在刚刚奔小康的路上便要迎接人口老龄化的挑战的国家，尤为重要。

《老年经济学》坚持运用马克思主义的方法论——辩证唯物主义和历史唯物主义，强调从实际出发，从事物的普遍联系和内

部矛盾来寻求事物的本质、发展的原因和解决的办法;强调历史的方法,即要结合而不能脱离特定的历史、国情和特定的社会生产方式,不能抽象地、孤立地,而要置身于站立在各国不同历史发展阶段、不同国情背景和不同生产方式的基础上,具体研究各国的人口老龄化过程和老年经济关系,从而使共性的一般展示寓于特性的具体揭示之中。在书中我们还随时可见作者对辩证法两点论的生动运用,使读者既看到人口老龄化必将给国家社会经济的发展带来很多影响和矛盾,又看到如果决策正确、处理得当,消极因素便可在很大程度上向积极因素转化。坚持两点论就避免了片面性。

二、研究对象明确,体系完整,内容丰富

老年经济学既可视作老年学的分支学科,也可视作经济学的分支学科。它要从老年学或经济学领域中独立出来形成新学科,首先要解决它特有的研究对象和研究领域问题。《老年经济学》认为,老年经济学既与老年学紧紧相连,又与经济学密不可分,但它绝不是老年学和经济学的简单相加。作为一门独立的学科,它既不同于一般老年学,也不同于一般的经济学。书中分析了老年经济学同老年学和经济学的联系与区别,指出:老年学研究的是人类老化的现象、过程的一般规律性以及人类老化同自然和社会之间的本质联系。老年经济学虽同样以老年群体为对象,但它并不具有老年学那样的研究范围的广泛性和综合性,它是专门从经济学的角度研究人类老化,即研究人类老化趋势的经济过程的反映以及同经济因素之间的相互联系、相互制约

的规律性。经济学研究的是人类社会发展各个历史阶段的经济关系及其发展变化的规律性。老年经济学虽也是研究人类社会的经济关系，但它并非以整个人口群体作为自己的对象，而是专门以老年这个社会群体作为观察的对象，它所研究的只是老年经济关系及其发展变化的规律，即要研究经济规律在老年经济关系的具体表现形式及其特殊性。《老年经济学》将老年经济关系概括为：(1) 人口老龄化与社会经济发展之间的关系；(2) 老年人与其子女或老年人口与中青年人口之间的代际交往关系；(3) 老年人在社会生产、分配、交换和消费过程中的地位、行为、利益及其具体实现形式。这三个方面互相联系、有机结合，构成了社会经济关系中一个相对独立的部分，即老年经济学研究的特殊领域。老年经济学就是要站在全社会的立场，从社会经济发展的角度，研究人类老化所产生的各种经济问题和经济行为。

从总体上明确了研究对象，《老年经济学》便据以安排全书的体系结构。除第一篇总论用两章分别交代研究对象和阐述人口老龄化同社会经济发展的相互关系外，全书再以四篇十章的内容从生产、分配、交换和消费四个环节具体展开对老年经济关系的考察。作者认为，这样的安排，既能结合国民经济运行的全过程通过深入分析而具体地把握老年经济关系的全貌，又能通过具体经济过程、经济行为和经济利益关系的分析更充分揭示其本质，从而，既坚持以马克思主义经济学的基本原理为指导，又构成了老年经济学自身一个比较完整的体系。

《老年经济学》的内容是非常丰富的，它几乎囊括了老年经济关系主要的方方面面。在生产篇，从老年职工退休到再就业，从老年人才资源及其开发到多种形式的老有所为；在分配篇，从人口老龄化对国民收入分配的参与和影响到代际经济关系与代际矛盾,从社会养老保险的形成到各种养老保险类型及其比较,从中国养老保险制度的现状到其改革与发展;在流通篇,从老人的需求特点、消费倾向和购买潜力到老年市场的开发;在消费篇,则从老年人口的养老方式到老年人口各方面消费特点分析,其中,有经济关系的分析,经济规律的揭示;有经济现象的描绘,实践发展的概括;有政策的评介,制度的比较;有矛盾、问题的提出,也有对策的建议;还有前景和发展趋势的预测等,体现了理论与实际的结合、观点与材料的统一。

三、提出了一些重要观点和思路

《老年经济学》提醒我们:预计到 20 世纪末,我国便将成为人口老年型国家(上海于 1979 年已率先成为老龄化城市),届时老年人口有 1.3 亿。同已进入老龄化国家的发达国家相比,我国最大特点是老年人口绝对数量大,而经济发展又不能同人口老龄化速度同步,因而形势特别严峻。

20 世纪 80—90 年代,世界上每 5 个老年人口中就有 1 个中国人,这个比例还在上升。按 65 岁以上老年人口预计,到 2040 年,世界老年人口 10.96 亿,中国 2.99 亿,占 25%,即每 4 个老年人口中就有 1 个是中国人。

据 1992 年统计,世界上已进入老龄化的国家中,人均国内生产总值在 10 000 美元以上的有 23 个国家,在 5 000—1 0000 美元的有 7 个国家,两者相加已超过一半。低的也都在 1 000 美元以上,只有极个别的除外。而中国成为老龄化国家时,预计人均国内生产总值只在800—1 000美元。

这两个特点决定了我国承担人口老龄化的负担更重，而承受能力却偏低，因而困难更大。在人均国内生产总值还比较低、却面临老龄化将超前到来的严峻挑战的我国，该怎么办？

除了要千方百计加快发展经济、增加我国经济实力外（这是根本的出路），《老年经济学》借鉴外国经济，结合我国国情，提出了以下观点和思路。

重视老年人才资源开发，或是提高退休年龄，或是允许老人再就业。充分发挥老年人的潜在力量，已被视为人口老龄化的国际性对策。低龄老年人口仍然是不可忽视的人力资源。有文化有技能的老年人意味着人生阅历、丰富的知识和财富、实践经验，蕴含着成熟、老练、才干与智谋。所以，有人把进入60岁或65岁的老年比拟为人生新旅程的起点，或进入"第二人生"，可以继续有所作为，即"老有所为"。

作者指出，目前，世界各国对退休年龄的规定已有提高的趋势，而退休年龄后移有其必然性，是一个客观趋势。这主要是人均寿命延长（健康状况日好）、受教育年限延长、人口老龄化发展造成劳动力短缺以及退休金不断庞大而入不敷出等因素所决定的。不过，目前在我国，从总体上看，延长退休年龄的时机还不成熟。最主要的原因是我国劳动力过剩，还有亿万年轻劳动力等待就业。作者认为，虽然如此，但对具有高级职称和专业特长而又身体健康的老年人才，仍应从现在起就延长退休年龄，并通过立法形式加以确定。

《老年经济学》一方面尖锐地提出了我国新面临的人口老龄化带来的种种严峻矛盾，另一方面又提出了利用和开发老年人力资源的种种积极思路，而一扫西方的某些悲观论调和消极主张，给人以信心。作者说得好：科学技术和医疗保健事业的发展，给老年人的“生命以时间”；老年经济学的研究和国家的政策实施也要给老年人的“时间以生命”，让老年人在继续参与中既实现自身价值，又有益于社会经济的发展。

本文原载《世界经济文汇》1997 年第 3 期

紧密联系实际的理论专著

——写在《老年经济学》再版之时

赵宝华

在我国人口老龄化迅速发展、老龄工作和老龄科学研究需要加强的新形势下，复旦大学出版社应读者要求，再版发行王爱珠教授撰写的《老年经济学》，值得欢迎和祝贺。

王爱珠教授系复旦大学老年经济研究所首任所长、著名经济学学者。她在广泛汲取国内外研究成果的基础上，紧密结合我国实际，写成了我国第一部《老年经济学》专著，1996 年 6 月出版后，受到了老龄工作领域和学术界的普遍好评，认为该书填补了我国老年经济学研究领域的一个空白，对于创建有中国特色的老年经济学科学体系作出了贡献。该书先后获中国老年学学会颁发的“中国老年学研究十年成果一等奖”、教育部颁发的“普通高等学校第二届人文社会科学研究成果经济学三等奖”，并获得 1999 年度“复华教学科研奖”。

《老年经济学》以马克思主义、邓小平理论为指导，以老年群体为研究对象，从我国社会经济的现实出发，通过社会生产和再

赵宝华，时任中国老龄协会副会长。

生产的四个环节，即生产、分配、流通和消费四个方面深刻揭示了人类群体老化和个体老化过程中形成的诸种经济关系及其发展规律，详细论述了人口老龄化与社会经济发展的相互关系、退休制度和退休年龄、老年人口再就业和老年人才的开发利用、老年人口参与国民收入分配的形式和实质等方面的内容，对我国人口老龄化所涉及的许多重大社会问题进行了有益的探索，提出了许多有价值的见解，是一本值得领导干部、老龄工作者、老龄科学研究人员和老年人认真阅读的好书。

国务院原副总理李岚清在全国老龄工作委员会第一次全体会议上指出，“要了解人口老龄化的成因及其发展过程，掌握老年经济学、人口学、社会学、医学等方面的理论知识”，这就把老年经济学的研究、学习、宣传提到了更加重要的位置。理论来源于实践，实践需要理论的指导。我相信，《老年经济学》的再版发行，对我国的老龄科学研究和老龄工作的实践，特别是老龄产业的发展，都将产生积极的推动作用。

本文原载《中国老年报》2000 年 4 月 14 日

我国老年经济学研究的开拓者

——首创“老年经济学研究所”、首写《老年经济学》专著、首开“老年经济学”课程

李洁明

王爱珠教授在复旦大学经济学院多年从事经济学的教学和研究工作，是众人眼中的“女强人”。作为王老师的学生和同事，我深深仰慕她。在学生时代，我就非常喜欢王老师的教学风格：语言准确明快，充满激情，能给学生以优美的艺术享受，让人涵泳其中、受益无穷。在我毕业留校任教后，王老师又是我学术事业的引路人，带领我及我的同事们闯入老年经济学的研究领域。

老年经济学既是老年学也是经济学的一个分支，是老年学和经济学相交叉的一门科学。王爱珠教授在20世纪90年代以前主要从事社会主义经济理论的研究，当看到人口老龄化的世界性趋势后，为使经济学研究真正成为致用之学，她就将立足点移至老年经济学研究领域，在这块土地上精心开拓、耕耘，连创三个“首”字。

首创老年经济学研究所。20世纪70年代末，上海在全国率

李洁明，时任复旦大学经济学院教授。

先进入人口老龄化城市行列，为了加强对老年经济学的研究，1993 年 3 月，在上海市老龄科研中心的支持下，王老师积极上通下达，与学校有关领导、部门联系与沟通，在复旦大学经济学院创办老年经济学研究所，并任首任所长。王老师积极组织研究队伍，主张老、中、青人员三结合。该所成立至今，不断承接来自现实需求的课题，例如，“上海市区退休职工再就业状况调查”“上海老年消费市场研究”“城镇退休人员分享经济发展和社会进步成果研究”“上海农村老人分享经济发展和社会进步成果研究”“上海社会办养老机构现状和发展研究”“制约老年产业发展的因素及其对策研究”等。王老师身体力行，带领我们上工厂、下农村、走市场、搞调查，教我们如何获取数据，如何分析数据，如何撰写有价值的调查报告。我目睹她逐字逐句修改研究生撰写的调研初稿，她一贯肯定学生鲜活的思想，注意阐发学生观点中的学术价值，热情解答学生思考中的种种疑惑。这几年，王老师经常利用去国外参加学术会议乃至探亲的机会进行有关课题的考察活动，并及时发回很多有益的信息，大大丰富了我们调研报告的内容，也使调研报告为现实问题提供了有益的理论解释，以便为政府部门决策提供坚实的理论基础。

首写《老年经济学》专著。随着国内经济学研究的细化，专业化分工的加强，经济研究要围绕着经济生活中出现的重大问题作出不同的理论解释，老年经济学需要从经济角度对人口老龄化问题进行探讨。在西方国家，老年经济学的研究已有半个多世纪的历史，但在我国，直到 20 世纪 90 年代中期还未出版过一本涉及该领域的专著或教材，王老师的《老年经济学》专著填补了国内的空白。该书(1996 年 6 月出第一版，2000 年 4 月出第二版)与时俱进地运用马克思主义经济学的原理和方法,以老年群体作为研究对象,从社会生产和再生产过程的四个环节(生产、分配、流通和消费)来揭示人类群体老化过程中形成的诸种经济关系及其发展规律性,这从经济理论和对策思路上为我国制订人口老龄化对策提供了科学依据。王老师在这本书中首次提出的观点,比如,在提倡"老有所为"时提出"老年人口再就业率""社会参与率""老有所为参与率"三个指标;在论述养老金问题时提出"补偿性分享""发展性分享""多层次分享",并强调"挂钩""分享"要立法;在分析社会养老保险改革趋势时提出"在下世纪,由社会养老发展到社会养老和自我储蓄养老相结合是一个共同趋势","把养老保险从互助互济转到自助互济轨道上来,有利于缓和人口老龄化社会中的代际矛盾",等等。基于突出的理论贡献和实践意义,《老年经济学》被评为中国老年学研究十年优秀成果一等奖(1996 年),同时被评为全国普通高等学校第二届人文社会科学研究成果二等奖(1998 年)。

首开"老年经济学"课程。《老年经济学》专著问世后,复旦大学在全国率先为经济学系研究生开设了"老年经济学"课程,由王爱珠教授主讲。由于王老师讲课生动,一些学生纷纷选听。当时参加听课、现已成为副教授的两位青年教师深有感触地说,王老师只要一走上讲台就神采飞扬,理论阐述清楚,观点见解鲜明,内容说明丰富,课后还热情地帮学生解答问题、查找资料,虚心地和学生们一起讨论问题,同学们收获很大。该门课成为当时很有特色的一门研究生专业课程,给学生留下了深刻的印象,也因此有相当一部分研究生对老年经济学产生了浓厚的兴趣,加入了研究行列。

如今，王爱珠教授对我国老年经济学研究的开拓精神正鼓舞、激励着一批中年的、青年的学者，我也是其中的一位，决心以王老师对学术事业的不懈追求为榜样，锐意进取，勇攀科学研究的高峰。

2004 年秋

桃李不言　下自成蹊

许晓茵

通常，学生对老师的情感可以分为三个层次：学识崇拜、能力模仿和学术追随。如果问自己何时萌发对老年经济学的研究兴趣并确立为自己的研究方向，那一定要从选修王爱珠老师的“老年经济学”课程说起。

1995 年 9 月，我开始攻读本校硕士学位。全班来自五湖四海的女生一共 10 位，住在复旦大学南区增寿楼四楼面对面的四间宿舍里，选课是新生入学的第一任务。十几年前选课不像现在，都可以网上搞定。我们对着纸质排课表，填完必修课就开始敞开宿舍门讨论该填什么选修课。不知是谁说了一声：“经济学系好像只有一位女的正教授——王爱珠，要不一起选她的课？”这一倡议得到了所有女生的一致响应。不过，难题来了：大家专业各不相同，要满足同一时段选同一门课程好像不太可能。作为本校直升上来的学生，我被大家“委派”去找当时分管教学的李洁明老师。想不到，李老师很快就给了我们一个让大家欢呼雀跃并令人肃然起敬的答复：王老师可以晚上到我们住的增寿

许晓茵，复旦大学上海医学院党政办公室主任，复旦大学经济学院博士，复旦大学校友会总会理事(2023 年 12 月)。

楼四楼自修室来上课。于是,“老年经济学”这门课成为我们1995级经济学硕士班女生的共同选择。王老师、李老师和我,老中青三代的师徒之缘从此开始。

老年经济学是一门新兴学科,创立这门学科需要远见卓识。从1956年联合国确定人口老龄化划分标准,到1979年上海成为中国第一个迈进人口老龄化的城市,再到1982年维也纳老龄问题世界大会确立严重老龄化老年人口占比标准,中国有一批专家学者也前瞻性地看到了人口老龄化带来的机遇与挑战。他们从人口学、社会学等多角度致力于中国的人口老龄化研究,这包括著名人口学家邬沧萍教授,著名老年学学者熊必俊教授和王老师的爱人、上海大学社会学系首任系主任袁缉辉教授等。由于国内外学术界对老年经济问题的研究并没有统一范式,老年经济学是否能够成为独立学科一直处于探索之中。作为经济学领域的专家,王老师基于政治经济学逻辑框架创造性地开展老年经济学研究,并于1996年出版了中国第一本《老年经济学》专著。我清晰记得,由于宿舍自修室没有下课铃,当时的第一堂课王老师不知不觉讲了一个多小时。生产、分配、流通、消费,经典政治经济学的商品流通理论都被串在人口老龄化这根主线上,如行云流水,娓娓道来,所有学生都被王老师的深厚学识和思辨逻辑牢牢吸引。期末,大家被要求写作一篇课程小论文。我尝试性地写了一篇《退休职工分享社会发展成果的国际比较与借鉴》,心怀忐忑地交了上去。谁知,王老师专门让李老师找到我,邀请我一起参加复旦大学老年经济学研究所的组会讨论与课题研究,指导我从分享方式、分享幅度、分享保障三个方面修改这篇论文,并帮助我以独立作者身份把这篇论文发表在《世界经济文汇》杂志上。这对刚刚摸到研究之门的我是莫大的激励。

老年经济学是一门边缘学科，发展这门学科需要家国情怀。说是边缘学科，不外乎两层含义。一是从学科属性看。当经济学被划分为理论和应用两个一级学科后，老年经济学就一直站在理论和应用两大学科的边缘。有人将之归入理论经济学中的人口、资源与环境经济学，有人将之归入应用经济学中的劳动经济学。显然，这都不全面。二是从学术聚焦看。当经济学被公认为当代显学之后，相比微观经济学、宏观经济学及金融学等，老年经济学常处在学术聚焦的边缘，不少青年学者不愿意“未老先衰”，研究一个看似小众的学术方向。不过，这丝毫没有影响到复旦大学老年经济学研究所的学术活力。在王老师带领下，研究所经常承担省部级课题，“家庭养老与社会养老”“老年人共享社会发展成果”“老年保障体系及其运行机制”等一系列研究项目为政府出台相关政策贡献了复旦智慧。王老师是一位讲话很有感召力的人。她的语速特别快，即便到了 70 岁，敏捷的思维也是一迸即出。当她用响亮的南京国语讲老年经济问题时，无论是懂行还是不懂行，都会被她感染，听完之后都有为人类谋幸福的热血沸腾感。的确，王老师正是带着胸怀天下的大志和构建健康老龄化社会的情怀从事老年经济学研究的。

老年经济学是一门交叉学科，继承这门学科需要创新进取。说是交叉学科，不言自明、不言而喻。伴随社会进步与发展，老年经济学的学科内涵也越来越丰富，不仅与老年学、人口学、社会学等深度融合，还与医学、信息科学和大数据技术的应用相互交融。王老师退休后，李洁明老师接过老年经济研究所的大旗。

研究所不仅承担了“老年服务需求调查”“养老保险改革与资本市场发展”等一系列课题，采用与零点公司等单位合作的方式大规模采集数据，还承担了国家社会科学基金重大项目子项目“老年利益论”的研究，取得了不少成绩。由于工作需要，我已离开经济学院，但仍参加老年经济研究所的活动，也常常记起跟着王老师和李老师，当然还有袁老师，一起去参加国内外学术会议的点点滴滴。王老师夫妇和李老师都住在复旦第十宿舍。每次去开会，四个人一部车。袁老师，没有一点架子，总是主动坐在驾驶员旁边，负责指路、付款。而我和王老师、李老师则坐在后排一路畅谈。到了会场，王老师总是第一时间给我引见国内学术泰斗、国际学术同行，以及国家部委和上海市相关委办局的领导。提携之情，让我铭记在心，也成为我这个后生晚辈创新进取的动力源泉。

今年是我进入复旦求学并留校任教的第 27 个年头，自己的女儿也已经 18 岁。女儿在高中阶段和她的同学一起参加了哈佛大学举办的“China Thinks Big”课题研究挑战赛。她们自己动手、查阅资料，走进社区、开展访谈，并推出公众号进行宣传。当我问她到底研究什么时，女儿告诉我，她们研究的是“上海老年综合津贴制度：基于人口红利视角的调查与研究”。我是又惊又喜，忙问女儿，怎么会想到这个选题，女儿说了一句：“桃李不言，下自成蹊。”我想这大概可以是感恩王老师把我带入老年经济学研究殿堂的最好礼物吧！

2020 年

社会学与老年社会学理论及其实践

复旦分校忆往

邓伟志

“窝 窝 头”

复旦分校是在 1978 年成立的。我不是复旦分校的在编人员，而是她的“窝窝头”。

当时我看到一些高干子弟中的不良现象，在《文汇报》上发了篇《家庭的淡化问题》。复旦分校的王中校长看了颇感兴趣，通过姚汉荣找我谈了个把小时，东拉西扯，海阔天空。我不明白他的用意，只以为是形势分析。哪知几天后他让我给学生讲了一堂家庭社会学。紧接着他带领袁缉辉、姚汉荣来我工作单位——中国大百科全书上海分社商调我。

王校长同我们分社总编陈虞孙是朋友，都是杂文家，王校长颇有调我的信心。想不到陈虞孙回答说：“你看看我这讨饭篮子里就这么几个窝窝头，你怎么忍心再拿走一个？”

王校长想想也是，大百科也确实正在搭班子，人手不够，便回答说：“那你总得卖我一个老面子，让邓伟志到我那里兼课。”

邓伟志，上海大学终身教授，上海市文史研究馆馆员。

陈总编同意了，于是我这“窝窝头”便从 1980 年 2 月开始到分校给社会学系 1978 级讲授“家庭社会学”课程。

老师是“同桌”

1977 年恢复高考，报考人数甚多，于是大学普遍扩招。校本部容纳不下，许多大学办起了分校。复旦分校先是借在万航渡路的东风楼。东风楼是三层楼，实在挤不下，再换到西江湾路的一所中学里。中学不仅也是三层楼，而且经常断电。上下课没电铃，就由教务长到各个教室门口摇铃加高喊“下课了”“上课了”。

还有一个难题：中学的图书馆适合中学，不适合大学。怎么办？分校就近为学生办虹口区图书馆的借书证，可是有些必读参考书还是借不到。分校再同总校商量到总校借点书。再不能满足，老师便把自己的藏书借给同学。老师如果也没有，就由老师出面到校外什么地方为同学借书。为了求学心切的学子，老师心甘情愿当了图书管理员。

当时，教师的办公条件也很差。好多老师是两人共用一张办公桌。学生叫“同窗”，老师在复旦分校是“同桌”。

就是在这样艰苦的条件下，复旦分校的学生在学习期间写出的论文发表在权威刊物《历史研究》及好几所大学的学报上，而且教学相长，师生合作编出了一本又一本授课用的“教程”。

办学之初也缺乏人才，复旦分校在师资方面坚持“集天下英豪为我所用”。那就是请校外的人才来兼课、讲课。他们请复旦总校的金炳华讲哲学，请伍柏麟来校讲政治经济学，请王沪宁来校讲政治学。他们还请过北京的很多名教授来授课。文化部电影局局长张骏祥来分校讲授电影艺术,讲得生动感人,深受欢迎。

党委书记“密报”教师动向

复旦分校是“文革”后改革的产物。分校有几位教师如戴厚英等人在“文革”中发过文章,他们在“文革”后的清查中,都够不上“三种人”,有的被列为“说清楚的对象”。如何对待这些教师?复旦分校的做法是用其一技之长,改其“文革”理念。

可是有人给分校领导扣帽子,说他们在“组织路线上有错误”,要校党委书记李庆云把那几位“有问题”的教师赶出校门。李庆云“爱才”,是德才兼备的老干部,他担任过复旦大学的组织部部长,懂得办教育的真谛,主动向有关方面说明不能赶走教师的理由。

有关方面其实也是“奉命行事”,看他不赶走教师,就要求他每天都要向上书面秘密汇报那几位教师的动向。那几位被“内控”的教师也颇争气,认真教书,一点也不惹事。久而久之,上面也就松了绑。

“黄 埔 军 校”

复旦分校选择专业基本上是采取“拾遗补阙”的做法。当时图书馆、博物馆专业比较少,复旦分校办起了图书馆、博物馆专业;当时上海没有电影专业,复旦分校办起了电影专业;当时全国还没有秘书专业，他们办出了全国第一个秘书系，并创办了全国第一本《秘书》杂志。邓小平提出恢复法学、政治学、社会学。复旦分校率先办出了法学、政治学专业。对上述领先的专业我只知道领先，具体细节并不太了解。

我最了解的是社会学系。在邓小平提出后，国家教委发文要求南北两所名牌大学率先办社会学专业。这两所大学是思想解放的先锋，可是在恢复和重建社会学方面不那么积极，准备花点时间慢慢筹办。复旦分校领导李庆云、王中说："你们不办，我分校办。"于是向市教委打报告。早在1953年对停办社会学就有不同看法的市教委主任舒文马上批准分校办社会学系。这样，复旦大学分校社会学系就成了全国第一个社会学系。随着教学科研力量的日趋增强，李庆云、王中以及社会学系系主任袁缉辉等人发起创办《社会》杂志。《社会》又成为中国社会学界第一本学术刊物。

短短的几年时间里，复旦分校培养了几千名高才生，涌现了一批大律师、大法官，300多名厅局级干部，还有一名优秀学生是现任的上海市副市长。因为出了那么多官员，有人称复旦分校为"黄埔军校"。

本文原载《作家文摘》2018年5月18日

书海觅迹:《同爱共辉》告诉你当年社会学是如何重建的

孙嘉明

《同爱共辉》的全书名是《同爱共辉：袁缉辉、王爱珠教授执教50年暨金婚纪念》。本书是我国改革开放后社会学系首任系主任袁缉辉教授及其夫人王爱珠教授的学术生涯和爱情生活的真实记录,反映了他们那个时代的知识分子近半个世纪以来的特殊经历和难忘岁月。

此书于2005年4月由上海复旦大学出版社在复旦百年校庆金婚庆典上首发,"增订本"于2006年3月一版、2009年4月二版,又增加了珍贵照片和重要文章,由台湾秀威资讯科技股份有限公司出版发行。

在《同爱共辉》一书中,袁缉辉教授以自己亲身经历叙述了当年首任社会学系主任时社会学的重建的过程和遇到的艰辛。为了清晰地描述史实,本文完全遵照原书表述,仅摘取书中的部

孙嘉明,复旦大学分校社会学系1981级学生,校学生会主席兼团委副书记。毕业后曾分别在复旦大学国际政治系和社会学系工作十数年,曾任社会学系教授,博士生导师。于不惑之年赴美,获美国伊州大学社会学博士,现任美国得克萨斯州农工大学社会学终身教授,社会学系研究生主任。主要从事全球化、城市社会学、青年问题等研究。

分内容，以提问的方式加以整理（仅有个别文字因上下文的连接作删除或补充），概括出以下几方面的问题和回答。

当初社会学重新恢复时的大致状况？

1980 年 3 月，复旦大学分校建立了全国第一个地方高校社会学系。当年招收了 32 名学生。同时，从政治系转来 1978 年和 1979 年入学的两批学生。1981 年和 1982 年又各招收 30 名学生，因而在最高峰时有五个年级共 164 名学生。首届本科生于 1983 年 2 月毕业。因为他们是新中国成立后首批社会学系毕业生，深受各方面欢迎。

我们开设的主要课程有：“社会学概论”（庞树奇）、“西方社会思想史”（袁华音）、“社会学史”（顾晓鸣）、“中国社会思想史”（祝瑞开）、“社会调查与社会统计”（沈关宝）、“城市社会学”（麦夷）、“社会心理学”（周振明），其他的如“人口社会学”“欧美社会问题”“苏联东欧社会问题”等 。

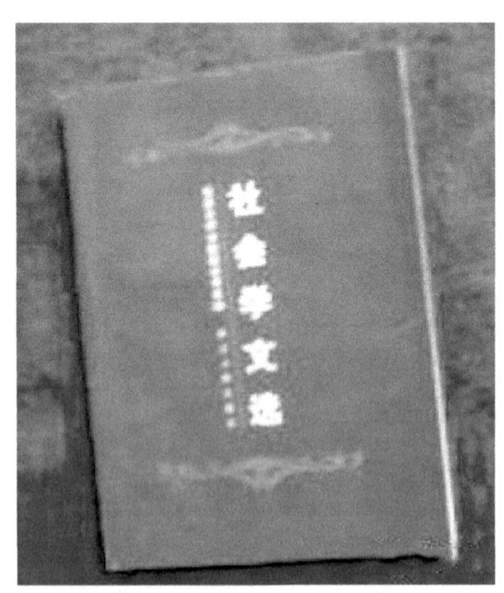

1981 年出版的《社会学文选》

为了配合和满足广大读者自学的需要，我系主编的《社会学文选》由浙江人民出版社出版。它是新中国成立以后出版的第一本社会学书籍，深受读者的欢迎。1981 年首次印刷 8 500 册，很快销完，于 1982 年 2 月又重印 9 000 册。

我们编辑的《社会》（社会

社会学文选，复旦大学分校社会学系编

ISBN:	价格：CNY0.94
语种：	chi
题名：	社会学文选 She Hui Xue Wen Xuan / 复旦大学分校社会学系编，
出版发行：	出版地：杭州 出版社：浙江人民出版社 出版日期：1981.1
载体形态：	313页 19cm
主题：	社会学 文集
中图分类：	C91 版次：4
中图分类：	C91-53 版次：
团体著者：	复旦大学分校社会学系 Fu Dan Xue Fen She Xue 编
索书号	C91 /957
标签：	没有标签
相关主题：	技术决定论 社会行动论 微观社会学 社会淘汰论 符号相互

学丛刊)于1981年10月正式出版发行，从1983年起，它改为《社会》(社会学杂志)，双月刊。它是当时我国唯一的社会学刊物。

复旦大学分校社会学系是当时我国唯一的培养本科学生的社会学系。此后在1982年建立起的北京、南开、中山三个大学的社会学系，它们担负的是培养研究生的任务。

《社会》杂志创刊号

为什么要在当时筹备重建社会学?

社会学曾经是我国学术领域的一个禁区,无人敢于问津。为什么要首先筹备建立社会学系呢?

1978年党的十一届三中全会以后不久,邓小平在党的理论工作务虚会上的讲话中指出,“社会学和其他几门学科我们过去多年忽视了,现在也需要赶快补课”。1979年3月15日至18日,在北京召开的全国哲学社会科学规划会议筹备处组织的中国社会学座谈会上提出了在大专院校恢复设立社会学系的建议。在十一届三中全会制定的路线指引下,我们学习了社会学座谈会的精神,从思想上清除了“左”倾错误的流毒、克服了心中的余悸,决心要办社会学系。

1979年3月15—18日,全国哲学社会科学规划会议筹备处召开社会学座谈会。图片提供:刘志平

那时我正从复旦大学世界经济研究所调出参与筹建复旦大学分校并筹办政治系，任首任政治系主任。尔后，我又参与筹建上海市社会学学会，1979 年 9 月成立了全国第一个省市级社会学学会；筹建复旦大学分校社会学系，1980 年 3 月建立了全国第一个地方高校社会学系，1983 年 6 月改名为上海大学文学院社会学系，1984 年 10 月社会学被正式确定为上海市地方高等院校重点学科；创办全国第一家社会学杂志，以“社会”两字命名，1981 年 10 月发行。在以上三方面，做了一些力所能及的工作(参见《复旦大学分校社会学系的建立与发展》)。

与此同时，中国社会学研究会正式成立，选举了一个由 50 人组成的理事会，会长为费孝通(1938 年伦敦经济学院毕业)。1982 年 5 月在武汉召开了首届年会，并改名为中国社会学会。这次会议选举费孝通担任会长，田汝康、雷洁琼(中国著名女社会活动家，她早年毕业于南加州大学社会学系，中国婚姻家庭研究会会长，前北京市副市长)等七人为副会长，于光远、吴文藻、陈翰笙等为顾问。整个理事会由 58 人组成，我本人也当选为中国社会学会理事。

筹建社会学系，从何处着手呢?

第一，针对当时的实际状况：许多人对社会学不熟悉，而一些熟悉的同志又是心有余悸，我们认为必须就社会学的对象、内容、方法的通俗宣传做些工作。我们发表了《认真开展社会学的研究》(1979 年 9 月 12 日《解放日报》)、《是恢复社会学研究的时候了》(1979 年 10 月 16 日《文汇报》)和《谈谈无产阶级社会学的内容和方法》(《复旦学报(社会科学版)》1979 年第 6 期),这些是较早发表的一批文章。

第二,我系派人到北京学习取经。他们在北京访问了费孝通、吴泽霖、吴文藻等老一辈社会学家,也听取了王康等社会学学者的意见,逐步搞清楚了筹建社会学系的方向。此外,中国社会学研究会和中国社会科学院社会学研究所联合举办的社会学讲习班给予了我们极大的帮助。

第三,在 1979 年的暑假里,我们组织对社会学有兴趣的同学,进行了关于社会福利的调查,写出了关于上海市南市区露香园路街道社会低能人员的调查报告。这篇报告曾提交中国全国第二次人口理论讨论会,得到好评。

·社会调查·

减少低能儿　提高人口质量

——上海市南市区露香园路街道社会低能人员的调查

张亚梅　　师建明

一九七九年七月,我们曾对南市区露香园路街道的社会低能人员的情况,作了调查,探索低能人员的致病原因及安置问题。一九八一年五月、十一月我们又先后两次对这个街道,作了进一步的调查。

一、概况:(附表一)

南市区露香园路街道方圆零点三七平方公里,据一九八一年统计,共有居民五万七千三百五十九人,低能人员七十人(一九七九年统计,低能人员七十一人,一九八〇年有一人外出游荡掉入粪坑溺死)。占全街道总人口的千分之一点二二。(据上海市民政局一九七九年统计,市区低能人数共七千四百三十三人,占总人口的千分之一点二六。)其中男性四十三人,占百分之六十一点四;女性二十七人,占百分之三十八点六;年龄一——十岁的一人,占百分之一点四;十一——二十岁的二十人,占百分之二十八点六;二十一——三十岁的三十二人,占百分之四十五点七;三十一——四十岁的十四人,占百分之二[illegible]四十一——五十岁的二人,占百分之二点九;五十一岁以上的一人,占百分之一点四。在

上海市南市区露香园路街道社会低能人员的调查报告

1980 年暑假，我们又扩大了调查范围，就婚姻问题、青年问题、老年问题、就业问题等进行了调查，写出调查报告。通过实际调查，使我们认识到社会学有广阔的天地，更加坚定了我们建设社会学系的信心。现在各项社会调查都在继续进行。

第四，我们还采用请进来的办法，邀请劳动、社会福利、环境保护、公安等实际部门的同志来给我们讲课，密切了同实际部门的关系，丰富了我们关于社会情况的知识，扩大了眼界。

复旦分校社会学系师生欢迎费孝通教授来校讲学(1981 年摄)

第五，在社会学系筹建过程中，我们积极参与外事活动，多次接待外国社会学家，请他们作学术报告，并相互交流经验。外国朋友对我们筹建社会学系十分关心，美国加州大学和俄亥俄大学等校的社会学家给我们寄来了图书资料。我们先后同美国、联邦德国、日本、加拿大、澳大利亚和罗马尼亚等国的同行们建立了学术交流关系。外国朋友对我们的支持，增加了我们办好社会学系的信心和决心。

筹建社会学系，光靠我们自己的力量是远远不够的，必须取得社会上各方面力量的支持。因此，我们社会学系在筹建过程中，积极发起成立了上海市社会学学会。

当年社会学系重建过程的大环境？

在上海市哲学社会科学学会联合会的支持下，在各有关单位共同努力下，上海市社会学学会在 1979 年正式成立，中国社会科学院副院长于光远专程赶来作了重要讲话，成立会上宣读了论文及调查报告十余篇。会议选举了由 21 人组成的理事会。1981 年 12 月，上海市社会学学会又召开了年会，进行学术讨论。自 1982 年开始，还建立了一个双月座谈会制度，讨论各种理论问题和社会问题。上海市社会学学会是一个群众性的学术团体，第一批会员共有 140 人，后又发展了 70 人，为 210 人。他们都是从事社会学教学研究工作和在劳动、公安、民政、青年、妇女等实际工作部门从事社会学工作的同志，业务能力相当于大学讲师水平以上。在市社会学学会下，成立了青少年问题、社会福利和社会学教学研究会。婚姻、家庭研究会和老年问题研究会也于 1982 年成立。社会学学会的会员分别参加各研究会，从事有关的社会调查和研究工作。

我们社会学系在筹建过程中，积极参加了学会和研究会的学术活动，我系教师在学会举办的报告会上分别作了学术报告。我系教师参加学会的活动，在一定程度上推动了学会的工作，而我系教师也通过学会及其研究会的活动创造了开展教学与社会调查的条件，提高了教师的业务水平。

1983 年 6 月，我从美国新哈芬寄回给《社会》（社会学杂志）的文章《对〈马克思、恩格斯的著作中是如何使用“社会学”名称的〉一文质疑》，在该杂志 1983 年第 4 期发表。

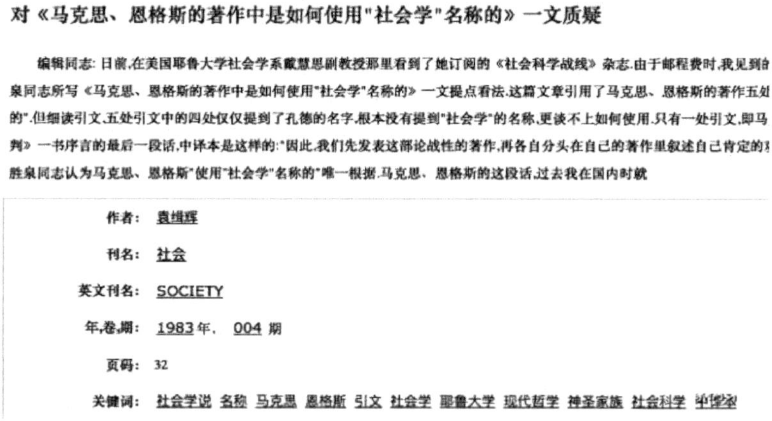

对《马克思、恩格斯的著作中是如何使用"社会学"名称的》一文质疑

编辑同志：日前,在美国耶鲁大学社会学系戴慧思副教授那里看到了她订阅的《社会科学战线》杂志.由于邮程费时,我见到
泉同志所写《马克思、恩格斯的著作中是如何使用"社会学"名称的》一文提点看法.这篇文章引用了马克思、恩格斯的著作五处
的".但细读引文,五处引文中的四处仅仅提到了孔德的名字,根本没有提到"社会学"的名称,更谈不上如何使用.只有一处引文,即马
判》一书序言的最后一段话,中译本是这样的:"因此,我们先发表这部论战性的著作,再各自分头在自己的著作里叙述自己肯定的
胜泉同志认为马克思、恩格斯"使用"社会学"名称的"唯一根据.马克思、恩格斯的这段话,过去我在国内时就

作者：袁缉辉

刊名：社会

英文刊名：SOCIETY

年,卷,期：1983年，004期

页码：32

关键词：社会学说 名称 马克思 恩格斯 引文 社会学 耶鲁大学 现代哲学 神圣家族 社会科学

袁缉辉教授寄给《社会》杂志并发表的文章

为适应社会学的教学和研究急需，除了我们选编的《社会学文选》一书于 1980 年由浙江人民出版社出版之外，当时王爱珠正在南斯拉夫进修，为支持国内社会学的重建，与一友人合作翻译了曾在南斯拉夫作为大专院校教材的《社会学——马克思主义关于社会的一般理论基础》（塞尔维亚文第十版），由上海译文出版社于 1989 年出版，1991 年台湾水牛出版社以繁体字再版。这两本书对社会学学科在我国的恢复与发展起了积极作用。

《同爱共辉》一书的主要内容

出身三重豪门（李鸿章、袁世凯、段祺瑞）的袁缉辉、王爱珠教授夫妇，1953 年于上海复旦大学毕业，留校任教；1955 年结成伴侣。《同爱共辉》一书是他们为纪念金婚，将半个世纪以来笔耕成果展示的书，献给母校复旦大学百年校庆。

此书不仅是他们个人的学术生涯和爱情生活的真实记录，在很大程度上也反映了他们这一代知识分子近半个世纪以来的特殊经历和难忘岁月。袁缉辉、王爱珠教授他们长期从事经济学、社会学和老年学的教学和研究，也长期在“左”的思想路线下迷茫、挣扎、奋斗。书中有家族史专家、知名作家宋路霞女士为他们写的“传略”，也有他们自己的“心路回眸”，又在“学术撷英”中辑录了他们的论著，并有二十多位著名专家学者写的序和评介，作为“见证历史”。本书可作人们的励志读物，对于经济学、社会学、老年学的专业研究，亦有相当指导作用，是学术文化的一枝新蕾。

袁缉辉教授和王爱珠教授85岁高寿双庆，摄于2016年12月

王爱珠、袁缉辉伉俪均出生在羊年农历辛未年(公元1931年末—1932年初),人称“羊尾巴”。农历丙申年年末,即2016年12月21日、2017年1月15日是他俩的85周岁高寿双庆。他们虽已都到了耄耋之年,然而身体健康,生活也相当充实。作为当年袁缉辉老师的学生,本人谨以此文向袁老师和师母致以深深的生日祝福,衷心地祝他们俩长寿百年!

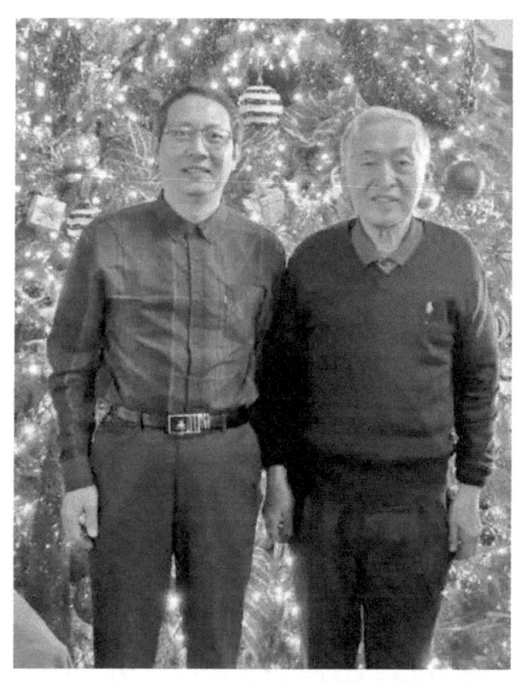

本文作者与当年的恩师袁缉辉教授合影,摄于2016年12月

此文2017年1月15日一稿,2023年9月定稿,参见另文《回眸寻踪:感怀“复旦分校”以及首任社会学系主任袁缉辉》

筚路蓝缕　功在人心

胡申生

袁缉辉教授是我一直极为尊敬的师长。虽然，我无缘名列他的门墙之下，但近 40 年来我却始终对他敬执弟子礼。在我人生的重大转折关头，正是由于他的提携、引导和帮助，才使得我成为社会学领域一名见习生。他对我的知遇之恩我将永志不忘。但在这里，我最想谈的还是他对当年的复旦大学分校，今天的上海大学社会学系的学科发展所起到的筚路蓝缕开创之功。

现在上海大学的社会学系，可谓兵强马壮——拥有本科、硕士、博士一套完整的人才教育和培养体系，还有博士后流动站；拥有系、研究所、专业杂志这样一个集教学、科研、出版阵地三位一体的完整架构。放眼望去，花团锦簇，令人高兴。对上海大学社会学系的发展历史稍有了解的人都知道，这个系的第一任系主任袁缉辉教授昨日的奠基作用，将永远与这个系的今日之辉煌联系在一起。

当年复旦大学分校社会学系是我国大陆地区经历了“文化大革命”，在高校中恢复社会学教学与研究以后，建立的第一个

胡申生，原为上海大学社会学系常务副系主任，《社会》杂志编辑，教授。

社会学系，这一点已经在各类正式出版的有关社会学发展编年史中有确凿记载。然而，这个“第一”其实来之不易。自从邓小平同志提出恢复社会学学科以后，照理这个“第一”是决计轮不到新建的复旦大学分校的。首先，在京、津、沪地区有那么多办学基础雄厚、办学条件良好的高校，可是当时并没有哪一所学校愿主动争取这个“第一”；其次，上海的几所名校也完全可以获得这个“第一”，但他们宁可等一等、看一看。结果，上海市高教局和复旦大学分校的领导凭借自己的慧眼和胆略，将第一个恢复建立社会学系的使命揽入怀中。在这里我必须向当时的领导鞠躬致礼。别看现在社会学已成“显学”，在当时却还是一块“烫手的山芋”。领导作出这样的决定，虽然没有“杀头”之虞，但风险肯定是要冒的。第一个恢复社会学系，看似轻松，实际上其间包含着许许多多难忘的故事。

如果说当时的领导是创办“文革”后第一个社会学系的决策者的话，那么，袁缉辉教授就是这个决策忠实而又出色的执行者、完善者。社会学系正式列入本科招生是 1980 年 9 月，但为了能尽早为国家培养出新型的社会学人才，学校毅然将政治系 1978、1979 两个年级的学生按自愿的原则，分别转入新成立的社会学系和法律系。这样，于 1980 年 3 月建立的社会学系，就有了 1978、1979 两个年级的学生。袁缉辉教授门下的社会学学生也就是从这两个年级开始的。在整个办系过程中，困难之大是难以想象的。首先是师资。自从 1952 年全国高校院系调整以后，社会学的教育教学就停止了，这就意味着没有现成的教师可用。袁缉辉教授作为系主任，不畏困难，积极应对，首先从解决师资队伍入手。他采取了“一调二请”的办法。“一调”就是将一些德才兼备，同时又热爱社会学教学、研究的才俊调进社会学系。“二请”是袁缉辉教授为了适应社会学系教学、科研需要，培养高质量的社会学人才，充分利用自己的人才资源网络，从复旦大学、华东师范大学、上海社会科学院等高校和研究单位，请来当时堪称第一流的学者到系里开课。

费孝通是中国社会学界的泰斗。教育部行文同意授予费孝通为上海大学名誉教授。现在回想当年费老经常在复旦大学分校西江湾路那个“迷你”型校舍为社会学系的学生讲课，为师生作学术报告，真有恍若隔世之感。其他一些老社会学家也经常来到学生中间，向学生讲授社会学的知识。这些老社会学家后来都被誉为新时期社会学的大师级的人物，在复旦大学分校社会学系草创之际，都是社会学讲坛上的常客。当时复旦大学分校虽然只有尺幅之地，却正应了刘禹锡的“山不在高，有仙则名；水不在深，有龙则灵”那句话。而能使这些大家“纡尊降贵”，纷至沓来为我们的社会学学生讲课，完全是和袁缉辉教授求贤敬贤礼贤若渴的态度和视第一流师资为办学生命的正确眼光分不开的。

20世纪80年代，袁缉辉教授为了能让社会学系的学生在简陋的办学条件下获取最好的学术营养，不惮繁难，广延名师、大师，足可鉴其一心为学生、一心为学科提高发展之拳拳之意。如今的高校在人力资源方面提倡共享，提倡名师交流，以今例昨，袁缉辉教授当时所具有的那种充分利用社会公众人力资源的观念和成功实践，是值得我们今天的办学者借鉴的。

也许是和袁缉辉教授的家族有关，他很早就具有开放的眼光，在办学实践中，他将对外交流放到了一个重要的位置。当时美国、日本等国家和中国香港地区的社会学名家不止一次地到系里作学术演讲。袁缉辉教授本人，以及系里的其他教师，也多次出国或到我国香港、澳门地区进行讲学和学术交流。这些事放在21世纪的今天，已经不值一提，但在20世纪的80年代，却是不寻常之事。正因为经常有这种国际、地区之间的学术交流，才使得当时复旦大学分校社会学系的教师和学生见多识广。现在社会学系有相当多的毕业生在美国、加拿大、日本等国和欧洲留学深造，有的已在当地大学中从事社会学的教学与研究，在当地政府部门从事与社会学、社会工作有关的工作，我想，这和当时袁缉辉具有的开放意识、营造出社会学系这样一个开放的氛围是息息相关的。

袁缉辉教授作为系主任，不仅重视对中年教师的引进，他对青年教师的培养，也是值得一书的。就我个人来说，以前和袁缉辉教授素无交往，论学历，进复旦大学分校之前，只有初中程度。然而，当他听到别人对我的介绍和推荐以后，竟亲自到我当时所在的工厂来调我，大胆地让我担任社会学系1978级，即社会学系最早一个年级的政治辅导员。《社会》杂志创刊以后，又让我兼任这个杂志的第一任编辑。作为这份杂志的实际负责人，袁缉辉教授每次带领我们精心组稿、审稿、改稿的往事都历历在目。20世纪90年代，我已经受命担任上海大学文学院(复旦大学分校从1983年5月开始并入新成立的上海大学，更名为上海大学文学院，仍保留副局级级别)党委宣传部部长、学生处处长。鉴于当时社会学系发展的实际状况，他又向学院党委力陈自己的看法，力荐我回到系里担任常务副系主任，主持系里的工作。春晖春雨，育才润物。有许多事情在进行之时，你会觉得极为平常、极为普通，而当你回首细想时，这些已经发生的事恐怕不是都能用“偶然性”三个字来解释的。

作为学者，袁缉辉教授对上海大学社会学系的贡献不仅仅在行政和学术管理方面，他在教学和学术研究方面都起到领军和带头作用。从复旦大学分校社会学系建立之初，他就坚持马克思主义的社会学办学方向，将马克思、恩格斯的思想作为社会学的源头之一，学习马克思、恩格斯有关社会学的原著，成为系里的重要课程。他自己就为学生开设了马列主义原著的选读课程。认真学习和讨论马克思社会学思想在学生中蔚成风气。为了宣传和介绍社会学学科，特别是为了阐明如何看待社会学在当代社会中的作用，如何坚持社会学的中国化，袁缉辉教授和刘炳福教授联名连续发表了多篇论文，受到社会的重视，被多家报纸杂志转载，在社会学界引起较大的反响，同时也使得社会学界对复旦大学分校的社会学教学和理论研究水平刮目相看。

复旦大学分校并入上海大学改名上海大学文学院以后，为改善办学条件，搬迁到虹口三门路新址。当袁缉辉教授得知学院规划兴建图书馆以后，主动与当时担任香港苏浙同乡会会长的哥哥李家昶联系，在哥哥的帮助下，在香港苏浙同乡会同仁的大力支持下，香港苏浙同乡会捐资 50 万元人民币用于上海大学文学院图书馆的建设。为了感谢李家昶、袁缉辉昆仲的义举，图书馆建成以后，就以李家昶、袁缉辉父亲李国源的名字命名了“国源厅”。新上海大学移入宝山新址后，又将“国源厅”移入高大巍峨的新图书馆。现在上海大学图书馆的国源厅，是袁缉辉教授和他的哥哥李家昶爱国爱校赤诚之心的见证。

袁缉辉教授离开他亲手创建的这个系，过着含饴弄孙、其乐融融的退休生活也已经多年了。但是,他对建立社会学系这个系,对社会学这门学科的发展作出的贡献,将不会因他的退休而褪色,而是会成为系里的一份宝贵财富,将被永远珍藏。

本文原载《春风桃李四十年》,上海大学出版社 2021 年 3 月版

我的老师们

范明林

我就读于上海大学社会学系(那时候叫"复旦大学分校社会学系")是在1982年9月至1986年7月,转眼三十余年已过,犹如白驹过隙,更让人慨叹日月如梭。尽管如此,每每回想起那时候的求学经历和学习过程,许多情景仍然历历在目,有时候会像看电影一样,一帧一帧清晰地浮现在脑海里。那时候,学校的设施虽然简单(甚至有些简陋),社会学系资料室的资料也十分短缺,老师的办公室更是拥挤不堪,但是初创时期的社会学系却朝气蓬勃,一派蒸蒸日上的景象。学生大多如饥似渴,勤奋苦学,老师则或典雅睿智,或风华正茂,或敦厚和蔼,给人留下深刻印象。正因为如此,本文就说说给我上课、给我教诲的那些老师们。

那时候老师上课的风格各具特色,效果各有千秋,但都同样引人入胜。比如,袁缉辉教授严谨,刘炳福教授生动,顾晓鸣教

范明林,上海大学社会学系教授,博士生导师,香港理工大学博士。研究领域涉及社会工作理论与实务、社会政策评估、非政府组织研究、城市贫困问题等。出版《社会工作理论与实务》《小组工作》《质性研究方法》《社会管理与社会政策》等著作。现任全国社会工作专业学位研究生教育指导委员会委员,中国社会工作学会理事,上海市社会工作者协会常务理事。

授深奥，袁华音教授随和，陶慕渊教授风趣，沈关宝教授深刻，周振明教授细致，庞树奇教授循循善诱，蒋永康教授如沐春风；再比如，胡申生老师妙语连珠，仇立平老师严肃认真，张钟汝老师深入浅出，黄渭梁老师自嘲自讽，陆绯云老师淡定温暖，傅禄霞老师清晰明了。总之各具风采、各有神功，现在每逢同学聚会谈起那时候老师上课的情景，犹津津乐道而不能自已。

平心而论，草创时期的社会学系师生其实并不清楚地知道社会学是什么。我也是在填高考专业志愿时，闭着眼睛在志愿表上随便瞎点点中了社会学，然后就懵懵懂懂地进了社会学专业。当时根本不知道社会学是学什么的、毕业后又会去干什么、学这个专业有没有前途……而那时候授课的老师们也来自不同的工作岗位，专业背景也是五花八门：有学历史的，有学经济的，有学中文的，有学心理的，有学外国语言的，有学哲学的，唯独没有学社会学出身的。盖源于那时候社会学已经被“封杀”几十年，专业人才培养完全停滞，而且当时仍被设置了许多教学和研究的“禁区”。尽管如此，它并不能阻碍社会学恢复和重建时期的师生对社会学孜孜不倦地探索与追求。没有教材，老师们自己编写，所以那时候上课时经常会收到老师编印的、油墨未干的讲义材料，这些讲义至今还被有些同学珍藏，成为永远难以忘怀的历史记忆。庞树奇教授在课上还说道，为了更快地进入社会学领域，更快地推进恢复期的社会学重建与发展，更科学和完整地建立起社会学教学与研究的框架，他在繁忙的教学之余一一走访了上海和北京的老一辈社会学家，从中汲取经验和养料，吸收老一辈社会学家关于社会学的精辟见解和深邃思想。经过不懈努力，庞教授终于在国内出版了我认为具有里程碑意义的著作——《普通社会学理论》。因为在这之前国内仅有一本由费孝通先生主编的《社会学概论》，更重要的是，庞教授在该书中首次提出“行为—关系—制度”的社会学研究框架，至今仍在国内社会学领域里独树一帜。目前该书已经出版第四版，受惠的莘莘学子不计其数。我也是在刘炳福教授和庞树奇教授的介绍和引导下，专程拜访了当时健在的章人英教授，当面聆听老一辈社会学家谆谆教诲。我正是在庞教授和其他老师的引导下对社会学逐渐产生浓厚兴趣并投入社会学的教学和研究工作；在袁缉辉教授的带领下将社会学研究的触角延伸到老年社会学领域；受刘炳福教授、胡申生教授和张钟汝教授的影响形成了自己的教学风格；受蒋永康教授和陆绯云老师的言传身教，也对学生“像春天般的温暖”；在黄渭梁老师的感召下，对社会工作学专业产生兴趣。虽然已经三十多年过去，但是社会学系许多老师的音容笑貌仍然铭刻在我的心中，他们对社会学和教育事业的执着始终激励着我不断前行。

本文原载《春风桃李四十年》，上海大学出版社 2021 年 3 月版

中国社会学恢复重建过程中的重要史料

——简评新版《同爱共辉》

仇立平

《同爱共辉》作者袁缉辉先生出身于豪门大族，是李鸿章、袁世凯、段祺瑞的后人，先后任教于复旦大学、复旦大学分校（上海大学）；王爱珠先生出身于南京富庶之家，长期任教于复旦大学。

为社会学重建奔走呐喊、正本清源

1979 年 3 月 30 日，邓小平在党的理论工作务虚会上作了题为《坚持四项基本原则》的著名报告，提出了社会学和其他社会科学一样“需要赶快补课”的问题，为沉寂近三十年的中国社会学得以迅速恢复与重建奠定了极其重要的作用。

在学校领导大力支持和袁缉辉先生及其同事的努力下，1980 年 3 月全国第一个社会学系在复旦大学分校诞生了，袁缉辉先生担任首任系主任。1981 年创办全国第一家社会学杂

仇立平，上海大学退休教授，博士生导师。1997 年毕业于复旦大学政治经济学系。曾任上海大学社会学系系主任，《社会》杂志执行主编，中国社会学学会理事。

志——《社会》，并于当年10月发行。从1979年开始，为了给社会学正名，澄清在社会学上的模糊认识，袁缉辉先生与刘炳福教授合作撰写和发表了《认真开展社会学的研究》等多篇论文，就社会学的研究对象和内容以及研究方法作了初步论述，也为社会学学科的重建作了舆论上的准备。

这些文章主要讨论了两个问题：第一，马克思主义的历史唯物主义能不能代替社会学？第二，如何看待资本主义国家的社会学？

袁缉辉先生和刘炳福教授指出，马克思主义认为生产关系是指人们在物质资料的生产过程中形成的社会关系，虽然生产关系是最本质的关系，但是建立在生产关系基础之上的社会关系是一个要比生产关系范围更大、内容也更丰富的概念，两者是不能等同的。

他们还指出，笼统地、不加分析地把社会学说成资产阶级伪科学，在实践上是非常有害的。资产阶级社会学是随着资本主义社会的发展而发展的，资本主义社会的社会问题越严重，社会学也越发达。

社会主义社会照样有它的矛盾和社会问题，社会主义社会也应该有它的社会学。这些社会问题以及研究它们的社会学，是不可以用行政命令加以取缔的。

改革开放初期，人们对社会学还处在逐步认识的阶段，不时会出现一些"杂音"。1978年著名理论家胡绳同志出版了《枣下论丛》增订本，不加批判地增收了自己在1957年"反右"时撰写的《绝不允许资产阶级社会学复辟》等四篇文章，在学术界引起一定反响，胡绳同志在解释或回应时还认为他批判的是资产阶级社会学,“并没有把社会学一律斥之为资产阶级社会学”“讲的是资产阶级社会科学”;他还批判上海某人的观点:要党和政府“认真听取并采用专家研究的成果”“这是教训党和政府”,是“资本主义制度的复辟”等。

对此,袁缉辉先生和刘炳福教授合作撰写了《也评胡绳同志对社会学的“批判”》,指出胡文的实质是把矛头指向主张在马克思主义指导下开展社会学研究的同志,把矛头指向社会学,否认社会学在新中国的合法地位。无数事实证明,资产阶级经济学、社会学是可以改造的,是可以批判继承的,把“恢复”和“改造”对立起来没有说服力;把学术问题和政治问题等同起来,阻碍了社会学研究工作的开展。

高瞻远瞩、独具慧眼,
开拓老年社会学研究新领域

袁缉辉先生此后专攻老年社会学领域,撰写了一系列有关老年社会学研究的文章,如《开展老年社会学的研究是一件大事》等;主编出版了《老龄问题》等著作,为建立中国老年社会学学科奠定了基础。我国著名人口学家邬沧萍教授在评价袁缉辉先生在中国老年社会学研究的贡献时说,在以计划生育为国策时,“从社会学角度很早就注意到老年人问题,可以说是独具慧眼”,而在笔者看来还需要极大的勇气。

袁缉辉先生特别强调老年社会学要研究“实践和政策”,建立一套行之有效的社会保障机制,把老年学与老年工作紧密地结合起来,用老年学的科学理论来有效指导相关研究和纠正老

年工作中的问题。

为加强老年学研究，在袁缉辉先生的建议下，1992 年下半年，上海市老龄委与上海大学合作建立了老年社会学研究所，袁缉辉先生为首任所长；由上海市老龄委与复旦大学合作建立了老年经济学研究所，王爱珠先生为首任所长。

1995 年 3 月 17 日《新民晚报》“灯花”栏刊载了屠雨迅先生《老龄化不是大问题》一文，认为“人口老龄化还不是我国近期关系全局的大问题”，是“被人鼓噪着”。对于这种错误认识袁缉辉先生撰文予以批评。上海新闻界老前辈夏其言亲自写了导语并以《人口老龄化问题不能不成为中国关注的重大问题》为题发表于《上海老年报》。

袁缉辉先生以国际上老龄化的标准和翔实资料说明了什么是老年型人口结构，指出上海、天津、北京、江苏、浙江、四川已经率先进入老年型地区行列，认为比起经济发达国家，我国在对付人口老龄化方面困难会更大些。

长期耕耘政治经济学，成果累累

王爱珠先生长期从事社会主义政治经济学的研究，在政治经济学研究领域取得不少成果。著名经济学家蒋学模先生称赞王爱珠先生是一位“生性聪颖，思维敏捷”的青年教师，被誉为“复旦才女”。从 20 世纪 50 年代末开始，王爱珠先生先后参与编写由姚耐、雍文远、蒋学模和苏绍智等主编的《政治经济学教材(社会主义部分)》(1959 年)，许涤新主编的《政治经济学辞典》(1976 年)，由蒋学模主编、伍柏麟副主编的《社会主义政治经济学》(1987 年),李龙牧主编,叶敦平、王爱珠副主编的《中国社会主义建设教程》(1988 年)。

虽然从现在的角度看,当时的社会主义政治经济学教材或许具有一定的历史局限性,但是不能不承认,这些教材实际上反映了当时国内政治经济学研究的最高水平,成为发行量最大的政治经济学教材。

改革开放以后,王爱珠先生有关政治经济学领域研究的主要贡献是:

第一,进一步辨析了有关按劳分配的理论和概念。王爱珠先生认为,在生产资料所有制和分配关系的基本类型已定的情况下,生产力发展的不同水平,可以对产品分配关系的具体形式及其次要方面发生直接的作用;三大差别的存在,使得劳动者为社会所提供的劳动量也会有所不同,还保留着事实上的“不平等”;按劳分配作为经济规律,不应把人们的思想觉悟作为按劳分配的依据。

第二,通过对奥地利的考察,王爱珠先生认为正在发生的阶级斗争形式的新变化对社会主义革命的道路提出了新的问题,不能完全排除在某些国家可以通过议会道路走向社会主义;在全球化的背景下产生了新形式的产业后备军,外籍工人成为奥地利的一支产业后备军;一些重要经济部门,如钢铁、铁路、大银行等仍掌握在国家手里;从这些国家情况来看,社会民主党只能说他们所代表的是工人阶级的目前利益,很难说他们是比资产阶级更危险的敌人。

第三,关于社会主义国家经济职能的研究。王爱珠先生的学术观点主要是:国家经济管理职能产生于生产过程的社会化,运用行政方式和经济方式是国家管理经济的两种基本方式，形成了不同的经济管理体制；实行计划经济不等于实行指令性计划；全民所有制的各个企业具有经营管理权，是生产资料全民所有制的体现和客观要求；企业员工对企业的生产资料应该具有支配权和使用权，成为名副其实的全民所有制。

在论述社会主义国家经济职能时，王爱珠先生特别强调应该做到政企分开，把经济方法作为经济管理的主要方法，发挥价值规律对生产和流通的调节作用；不要把国家所有制看作是全民所有制的唯一形式。

以政治经济学理论为指导，探索建立中国老年经济学

笔者简要梳理了王爱珠先生在政治经济学领域研究的观点或贡献，一方面在于这些观点在当下仍有重要的现实意义；另一方面也可以看出王爱珠先生关注的政治经济学的主要问题，如产权、分配、阶级、社会转型、国家职能等实际上也是社会学的重要议题。

由于王爱珠先生在政治经济学研究积淀下来的深厚底蕴，她在探索和建立中国老年经济学时，几乎可以说是驾轻就熟的。

鉴于当时我国对老年经济学的研究甚少，王爱珠先生与上海市主持这项工作的有关领导共同主编了《退休职工经济实体实用手册》；率领老年经济研究所的教师和学生就“退休职工再就业”等问题展开了专项调查研究，发表了《上海市区退休职工

再就业状况》等文章。

这些研究为王爱珠先生撰写中国第一本《老年经济学》论著奠定了扎实的基础。

《老年经济学》运用马克思主义经济学的原理和方法，以老年群体作为研究对象，从社会生产和再生产过程的四个环节（生产、分配、流通和消费）揭示了人类群体老化过程中形成的诸种经济关系及其发展规律性，为我国制订人口老龄化对策提供了科学依据。

王爱珠先生将老年经济关系概括为三个方面：人口老龄化与社会经济发展之间的关系；老年人与其子女或老年人口与中青年人口之间的代际交往关系；老年人在社会生产、分配、交换和消费过程中的地位、行为、利益及其具体实现形式。三个方面互相联系、有机结合，构成了社会经济关系中一个相对独立的部分，即老年经济学研究的特殊领域。

《老年经济学》出版后深受学术界欢迎，先后荣获中国老年学学会“中国老年学研究十年成果一等奖”；教育部“普通高等院校第二届人文社会科学研究成果经济学三等奖”；复旦大学“1999 年度复华教学科研奖”。

从后学的角度看，新版《同爱共辉》或许还有不足，比如受时代的影响和知识结构的局限，有关问题讨论的行文方式更接近“论战”；不同观点的阐述在学理性方面还不够；研究的规范性还不足等。但即使如此，两位先生的研究成果不仅在当时是走在前列的，而且有些结论在当下依然有其生命力。借本文，后学祝两老幸福快乐，健康长寿！

2011 年 10 月，上海大学社会学系复旦校友合影，左起：陈树德、庞树奇、王爱珠、袁缉辉、仇立平、蒋永康

2021 年 5 月 13 日

见证老年社会学的发展

吴　蓓

袁缉辉教授是我在老年学领域的启蒙老师。1986 年我还在上海大学社会学系读本科，就是在袁教授的课堂上，我第一次接触到老年社会学。袁教授无疑是中国老年学的开拓者之一，我们当时上课用的教材就是袁教授撰写的。在袁教授的课堂上，我们学习到了非常多关于老年社会学的基础知识，包括老龄化的概念与理论、老年人的代际支持与家庭支持，以及人口老龄化对社会经济发展的影响等。

这些知识仿佛帮我们打开了一个新世界的大门，带给我们许多前所未闻的理论和见解。当时，中国正在贯彻落实 1980 年开始颁布的计划生育“一孩政策”，我们当时学习的许多内容成为当今中国社会讨论的热点问题。我还记得，袁教授与我们分享了中国老龄问题全国委员会成立的消息。1982 年，国际老龄问题世界大会在奥地利维也纳召开，中国政府派出代表团参加了此次会议。1986 年，中国老年学学会成立（2014 年更名为中国老年学和老年医学学会），这也成为中国老龄问题全国委员会

吴蓓，纽约大学终身讲座教授，纽约大学老龄研究孵化器（NYU Aging Incubator）联合创立主任。

成立的契机。

是袁教授为我提供了进入老年学领域工作的机会。当我1988年从上海大学毕业时，就业市场发生了转变。在此之前，所有的大学生在毕业之后都会由学校负责分配工作。但1988年开始毕业生分配政策改革，学校不再保障毕业生的就业安排，我们开始需要自己找工作。很多教授就尝试利用自己的社会关系帮助学生们找工作。袁教授联系了上海市老龄问题委员会（以下简称“上海市老龄委”），了解到那里还有一个空缺。他将这个消息告诉了我们，我就与上海市老龄委的人事工作人员取得了联系，决定进入上海市老龄委工作。上海市老龄委的使命是在直辖市级层面协调和推进各项老龄问题相关工作，并研究和制定上海市老龄政策。中国绝大部分地区的老龄委主要领导由高级政府官员如已退休的副省长、市长或其他达到退休年龄的厅局长担任。上海市老龄委的结构设置简单，只有三个组成部门，即研究组、联络组和秘书组，以及10个公务员编制。我开始是在研究组工作，是当时单位里最年轻的工作人员，也是中国最年轻的老年学研究人员。那时中国很少有大学毕业生参与老龄委的工作。上海市老龄委的研究组每年都负责组织老龄问题相关的会议，袁教授一直是会议的积极参与者、演讲者，他关于老龄问题的社会认识、老年人家庭支持的文章也被收录到我们部门的出版物中。后来王爱珠教授（袁教授的妻子）也开始参加到这些会议中。

1993年，上海市老龄科学研究中心成立了。我开始在该中心的政策研究室工作。同时，通过和上海各高校合作，中心成立了多个联合研究所，包括：(1) 与上海大学联合成立的老年社会学所,袁教授任所长;(2)与复旦大学联合设立的老年经济学所,王爱珠教授任所长;(3)与华东师范大学联合设立的老年人口学所,桂世勋教授任所长;(4)与华东师范大学联合成立的老年心理研究所,时蓉华教授任所长;(5)与华东医院合作成立老年医学研究所,王赞舜院长任所长。上海市是当时全国唯一一个设立了多学科老龄问题研究架构的城市。以这些老龄问题研究所为基础,上海成为当时推进中国老龄问题研究的先驱者。1993年至1994年,袁教授与我的联系比以前更加频繁。他带领团队开展支持居家养老、退休职工再就业的社区服务项目。1993年,作为上海市老龄科研中心的代表,我与上海代表团一道出席了新加坡国际老龄会议,袁教授与王教授也是上海代表团的成员。这也是我第一次出国参加国际会议,袁教授鼓励我积极地与国际研究者们交流、联系。通过聆听演讲者们的发言,以及会下与他们交流,我收获良多。这次经历拓宽了我的眼界,让我对中国与发达国家在老龄问题研究领域的差距有了更深刻的认识,也促使我决定申请读老年学博士学位。但在1993年,中国还没有设立老年学研究生项目,开设老龄相关课程的学校也是少之又少。为了深造,我决定出国攻读老年学专业学位。

当我于1994年在美国申请老年学专业博士的时候,美国只有两所大学设立了老年学博士项目。一所是南加州大学,另一所是麻省大学。我向这两所大学提交了申请并收到了录取通知,但因为麻省大学更早发出录取通知,我选择了这所学校。南加州大学和麻省大学的跨学科教育形式非常相似,老年学博士课程包括社会学、心理学、经济学、公共政策、生物学、人类学、研究方法和统计学等多学科内容。近些年,由于美国人口结构的转变，老年学研究与教育有了快速发展，很多学校都设立了老年学博士项目。2017 年，纽约大学成立老龄研究孵化器（NYU Aging Incubator），这是一个校级老龄研究机构。美国老年学学会（Gerontological Society of America，GSA）目前有 5 000 多个会员，每年都会定期召开参会者超过 3 000 人的学术会议。袁教授来美国之后尽管没有加入美国老年学学会，但他一直与美国老年学学会和中国老年学研究分会（我是分会召集人之一）保持着密切联系。

人口老龄化是当下中国社会热门话题。2016 年，中国 60 岁及以上老年人口已达到 2.31 亿人，预计到 2050 年将达到 4.83 亿人。过去 20 年，老年学相关研究与教育也在加速发展。中国人民大学于 1994 年成立老龄研究中心，于 2003 年成立老年学研究所并开始招收老年学专业硕士、博士研究生，是中国第一所培养老年学专业研究生的学术机构，也是中国第一所老年学博士学位授予单位。2017 年，复旦大学老年学硕士、博士学位授权点获批通过，成为第二家国内老年学博士学位授予单位。与此同时，很多学校设立了老年学研究机构，并开设老龄相关课程，课程设置既包括传统的老年社会学、老年心理学、老龄经济学等，也包括新兴的老年医学、老年护理、老年法律、老年金融等。例如：2012 年，西安交通大学成立老龄与健康研究中心，专注于中国社会转型期老年人口的养老与健康问题的理论与应用研究。2017 年，清华大学成立校级科研平台老龄社会研究中心，针对中国的老龄化和养老难题开展综合性研究。很多国家级研究社团相继成立。同年，中国老年社会学专业委员会也经由中国社会学理事会批准成立，成为中国社会学会的分支机构。

如何应对老龄化的问题是人类社会历史上从未面临过的一个全球性的挑战。中国的老年学在今后的几十年将会有更大的发展,也会有更多的年轻人加入这个领域。

2017 年稿,2023 年修改

老年学理论及其实践

老龄研究的伉俪和幸福养老

桂世勋

袁缉辉、王爱珠夫妇都是我十分敬重的学者。在我念大学时，就知道上海高校马列主义理论教育界有两位姓“王”的优秀女教师，一位是复旦大学的王爱珠，一位是教过我的老师、华东师范大学的王爱玲。我认识袁老师是“十年动乱”后，1981 年他作为复旦大学分校社会学系的首任系主任，邀请我为该系第一、第二届学生讲授“人口社会学”。这样我们的见面就多起来了。

在上海老年科学研究中心和老年学学会中，袁教授和王教授同是上海市老龄科学研究中心下属两个研究所（上海市老年社会学研究所、上海市老年经济学研究所）的首任所长，同是上海市老龄科学研究中心的学术委员，同是上海市老年学学会的理事，袁教授更是长期担任上海市老年学学会副会长。夫妻共同担任老龄科学研究中心和学会的领导工作，共同研究老年科学，并且在老年科学研究中双双取得这么大的成就，这在中国老年学界是屈指可数的。除了北京的肖振禹研究员、战捷研究员夫妇外，便是上海的袁教授和王教授夫妇了。一北一南，两对伉

桂世勋，中国老龄协会老龄科研基地（华东师范大学）主任，华东师范大学终身教授。

俪，珠联璧合，共同参加老龄研究工作会议，共同参加国际和国内的老龄问题研讨会，共同探讨老龄问题，在我国老年学界传为佳话。

上海市老龄科学研究中心是1993年成立的。为了更好地团结和组织全市与老龄科研有关的社会科学与自然科学方面的专家学者，切实构建互通研究信息、优势互补、协作攻关的网络，上海市老龄委员会在全国各省、自治区、直辖市中率先建立了网络型的老龄科研机构。在1993年建立上海市老龄科学研究中心的同时，与本市有关高校、科研机构和医院共建了6个研究所：上海市老年人口学研究所(上海社会科学院)、上海市老年经济学研究所(复旦大学)、上海市老年社会学研究所(上海大学)、上海市老年心理学研究所(华东师范大学)、上海市老年医学研究所(华东医院)和上海市中风防治研究所(第二军医大学)。鉴于上海市有些从事老龄科学研究的著名学者还不属于上述这些研究所的成员或因年老不再担任所长等情况，上海市老龄科学研究中心又建立了学术委员会，聘请他们为学术委员会的委员。袁教授和王教授不仅在上海市老龄科学研究中心的组建时出谋划策，提出了构建科研网络的模式；在分别担任老年社会学研究所和老年经济学研究所首任所长时卓有成效地领导了这两个所开展许多研究课题，而且在上海市老龄科学研究中心召开的工作会议和组织的重点研究课题中发挥了重要作用。他们家离市老龄科研中心比较远，但不管酷暑寒冬，不论刮风下雨，他们总是有请必到。即使后来他们经常到美国去探亲，也是及时把自己的行踪告诉中心和学会的有关领导，一回上海就打电话来“报到”，使我们能趁他们在沪期间安排一些重要工作会议，让他们发表宝贵意见。1996 年 3 月，我被上海市民政局聘为上海市老龄科学研究中心副主任，从 1996 年下半年起协助上海市老龄科学研究中心冯贵山主任组织开展中心的重点课题“上海市老年保障体系及其运行机制研究”。袁辑辉教授积极参与第十分课题研究，王爱珠教授主持第二分课题研究，他们一丝不苟地对课题的初稿提出不少修改建议。

我与袁教授、王教授在共同参与上海市及全国召开的一些研讨会或学术活动中，感受最深的是他们在老龄科学研究中的高度学术敏锐性和敢于探求真理的理论勇气。不管面对的是政府部门的高官，还是国内外著名的学术大师，当他们发现其谈论老龄问题的某些重要观点或措辞值得商榷时，便在会上或撰文直率提出自己的不同意见。记得有一次在上海老龄科学研究中心召开的会议上，袁教授拿出 1997 年 10 月 10 日的《新民晚报》，针对一位学术大师在该报发表的《谈所谓“老龄化社会”》短文，指名道姓不同意他在文中写的“……60 岁以上就算是老年。我不知道，这个规定是从哪里来的？是不是国际公认的？”。我当时随即表示支持，因为在 1982 年 9 月 21 日联合国第三十七届大会通过的《联合国关于老龄问题的决议和维也纳国际行动计划》中，已明确使用“60 岁及 60 岁以上的人”为“老年人”的统计数据。其实，作为一名学术大师并不是在每个学术领域都是内行的，发表的观点也不都是准确的。袁教授夫妇的这种敢于向权威挑战的精神，值得在学术界保持和发扬。

在上海市老龄科学研究中心和上海市老年学学会举办的“迈向 21 世纪老龄问题研讨会”(1996 年)、“迈向 21 世纪老龄问题国际研讨会”(1997 年)、“第二届华裔老人国际研讨会”(2001

年)中,他们都积极参与会议的筹备工作,单独或与同事合作撰写提交了《养老的理论与实践》《退休金实质和形式的矛盾——兼论21世纪退休金改革方向》《上海城市老年人家人照顾与社区服务网络建设研究》《离退休人员应当分享社会发展成果》《提高老年人生活质量,实现健康老龄化——老龄工作的重大课题》等论文。特别是当时最后一篇关于提高老年人生活质量的论文,是由他们夫妇合作撰写、共同署名的。在这篇论文中,他们回顾了国际、国内有关生活质量尤其是老年人生活质量的研究及对其内涵的争论后,提出了"政府和社会是提高老年生活质量的主导""家庭是提高老年生活质量的基础""老年人自身是提高老年生活质量的关键"等观点,并认为在评价老年人生活质量时应"把客观标准和主观感受两者结合起来"。他们说:"从一个国家和地区来讲,应该致力于改善老年人的生活条件(包括物质和精神),以便老年人有一个较好的生活环境。而从老年人自身来讲,在既定的客观条件下,应该尽量发挥自己的主观能动性,要学会生活、善于生活,使自己有一个幸福美满的晚年,不要哀叹'夕阳近黄昏',而要高唱'夕阳无限好'。"

袁缉辉教授和王爱珠教授对提高老年人的生活质量是这样倡导的,同时自己也是亲力亲为,以年轻人的活力热爱生活、享受生活。我于2009年10月25日曾在《解放日报》发表《和谐社会需要幸福养老》的论文,将"幸福养老"的影响因素归纳为"5+1"模式,即五个客观要素——"增进健康长寿""适度参与社会""改善老年福祉""温馨和美家庭""关爱老人社区",再加一个主观要素"科学幸福观念"。袁缉辉教授和王爱珠教授现在都是90多岁的超高龄老人,他们认为"长寿一定要伴随着健康。如果长寿而不健康，整天这里痛那里痛，甚至躺在床上不能动。这种‘长寿’就变成‘长受罪’了，其寿命越长，受的罪越多。”

我感到袁教授和王教授“幸福养老”的第一个重要特点是尽力增进自身健康的长寿。他们虽然患有不太严重的高血压和糖尿病，但深切体会到“最好的医生还是老人自己”。为了增进自身健康，他们“除按照医生所嘱，按时吃药和定期检查外，还加强自身锻炼，坚持‘多动脑，勤用手，管住嘴，迈开腿’。”令我十分感动的是袁教授虽然视力不太好，但仍思维敏捷，勤奋学习电脑打字、美术编辑和图文排版等方面的知识，将上海复旦大学出版社于 2005 年出版的《同爱共辉》简体字版改成繁体字，使该书在 2006 年 3 月由台湾秀威出版公司以繁体字版同读者见面。他还学习剪辑照片，将几十年来拍摄的照片分类整理，制作成《同爱共辉　双羊八十》和《同爱共辉　续谱新篇》。王教授的社会参与更是令人感动，她从 65 岁起就在上海老年大学钩针班学习半年，从 75 岁开始学习串珠，从 85 岁开始学习舞蹈，十多年来亲自制作了上千件用塑胶珠、玻璃珠和水晶珠串织的十几种动物，上百件用珍珠串织的项链、手链、耳环和戒指。她的这些工艺品除了“自我欣赏”外，还赠送亲朋好友，并将义卖所得捐给 2008 年汶川地震、2009 年台南风灾、2010 年海地地震、2011 年日本海啸、2012 年美国桑迪风灾等灾区，表达他们的爱心。他们通过适合自己喜好和体能的多种参与，再次印证了世界卫生组织在 2002 年《积极老龄化——政策框架》“导言”中明确指出的：“文章从一个广阔的视角，对健康进行了研究，并承认这一事实，即健康只有通过多方面的参与，才能增进和保持。”

袁教授和王教授“幸福养老”的第二个重要特点是与几十年

来的老师、同学、同事、朋友、学生始终保持亲密联系、互相关心的情谊。从《同爱共辉》收录的许多作者热情洋溢的回忆文章中就说明了这点。袁教授还学会用微信与众多亲朋好友保持联系，他在 2021 年 6 月 21 日给我转发小辈介绍父亲在九十高龄时由上海大学出版社出版《同爱共辉》最新版的喜讯。至今我们已互通了近 100 封微信，共同回忆过去的珍贵友谊，交流国内外老龄研究的最新成果，转发老年养生的经验教训。

袁教授和王教授“幸福养老”的第三个重要特点是有一个温馨和美的家庭。他们在 2003 年移居美国洛杉矶后曾常住女儿家，“既帮助照顾孙辈，又享受三代同堂之乐”。我记得自己曾给他们的女儿王玮讲过“人口社会学”。王玮十分孝顺，对父母生活倍加关注。后来他们住进老年公寓后仍与儿子、儿媳、女儿、女婿及孙辈、曾孙辈保持密切交往。特别是他们在 2015 年结婚 60 周年即钻石婚时，全家祖孙三代共 10 人从国内国外、东西南北幸福相聚洛杉矶女儿家，摆好三脚架，拍了一张十人照的“全家福”及与之配套的一张老夫妻两人照、三张六人照（他们与儿子一家、他们与女儿一家、他们与四个孙辈），留下了永恒的纪念。现在他们的两个双胞胎孙女结婚后又生育了四个健康可爱的曾孙辈，使他们拥有十六位亲属组成的“四世同堂”幸福大家庭。

袁教授和王教授“幸福养老”的第四个重要特点是具有科学幸福观。袁教授在 2022 年 5 月 1 日发给我的微信中写道：“人生不比高低，健康才是真谛；友谊不在距离，牵挂才是心意；没有时刻的相聚，却有分秒的惦记。照顾好独一无二的自己，快乐属于您！ 五一节快乐！”反映了他们“自得其乐、知足常乐、助人为乐”

的“科学幸福观”。

总之，我感到袁缉辉教授和王爱珠教授的幸福养老是我们每一位老年人学习的楷模。我曾在《上海老年报》中指出：“老年人养老有三种模式：苦度晚年；安度晚年；欢度晚年。我希望每位老年人在保证‘安度晚年’的基础上，力争‘欢度晚年’。”袁教授和王教授现在过的就是“欢度晚年”生活。我衷心希望他们夫妇“夕阳无限好”，成为健康幸福的“百岁伉俪”！

2023 年 9 月 30 日

伉俪教授心系老年学

吴锡耕

袁缉辉与王爱珠这对伉俪教授是《上海老年报》的热心作者与读者。他们俩先后从事老年学的研究,热心地为《上海老年报》撰稿,向人们传授老年学的相关知识,传播国内外老年人口的现实情况,呼吁政府和社会重视和关注人口老龄化问题,强调不断提升老年人的生活质量;《上海老年报》的记者也多次对伉俪教授进行过采访,报道他们在老年学研究中的新课题、新见解、新成果。可以说,《上海老年报》与袁缉辉、王爱珠两位教授之间有着不解之缘。让《上海老年报》的编辑和记者们甚为感动的是,这对伉俪教授对老年学研究的科学理念、执着精神和严谨态度。

一

1996 年 3 月 17 日,《新民晚报》刊载《老龄化不是大问题》的署名文章时,袁缉辉教授正在美国探亲。他从《新民晚报》美国

吴锡耕,时任上海老年报社副总编辑。

版上看到这篇文章后，即写文章对《老龄化不是大问题》提出了严肃而认真的看法，表明自己对中国人口老龄化问题的认识和态度。他的文章从美国寄给《新民晚报》后没有得到回应，又寄给上海老年报社。当时上海老年报社的社长夏其言等报社领导认为："老龄问题不仅是重大的社会问题，同时也是直接关系到一个国家社会经济发展的战略问题，因此，人口老龄化问题不能不成为中国关注的重大问题。"并以此作为文章的引题和标题，在 1996 年 7 月 12 日《上海老年报》"实践与探索"版面上全文刊登了袁缉辉教授的署名文章。这在社会上引起了强烈反响，使更多的人关注人口老龄化问题，重视老龄工作。

袁教授敢于表明他对老龄化问题的深刻认识和严肃态度，得益于他对人口老龄化问题的深入研究。早在 20 世纪 80 年代初，上海刚刚步入老年型社会，他已开始研究老年问题。1986 年 1 月《上海老年报》创刊后，他就开始为老年报撰稿。1992 年 11 月 27 日他在《上海老年报》上发表了《迎接人口老龄化的挑战》的学术论文。这篇文章以学习党的十四大文件为切入点，阐述人口老龄化的状况和我国人口老龄化的特点，明确提出了"我国治理老龄化问题的重要性、紧迫性、复杂性与艰巨性"。从这一侧面，我们不难看到，他对《老龄化不是大问题》署名文章提出批评是有其厚实的学术功底的。

在进入 21 世纪前夕，我国政府宣布，全国 60 岁及以上人口已达到 1.26 亿人，其中 65 岁以上人口达到 8 600 万人，分别占总人口的 10%和 7%。按照国际通行标准，我国人口年龄结构已进入老龄化阶段。事实胜于雄辩。袁教授当年对老龄化的认识和研究成果与许多专家学者的认识和研究成果完全是一致的，是经得起实践检验的。正如2000年中共中央和国务院在《关于加强老龄工作的决定》中指出的："老龄问题涉及政治、经济、文化和社会生活等诸多领域，是关系国计民生和国家长治久安的一个重大社会问题。全党全社会必须从改革、发展、稳定的大局出发，高度重视和切实加强老龄工作。"

二

老年学是一门新兴的社会学科。研究老年社会学不仅要从宏观上构建科学完整的学说体系，而且应当确立起学科的一些基本概念。袁缉辉、王爱珠教授十分重视在老龄化战略对策的研究中去把握一些重要的基本概念。20世纪70年代，社会上对于"家庭养老""社会养老""在家养老""入院养老"等概念的理解和使用含糊不清，甚至个别政府官员也不恰当地运用了一些模糊概念。对此，袁、王教授进行了认真的比较研究，得出了符合实际的理性认识，并适时地发表自己的学术观点。袁缉辉教授于1990年8月31日在《上海老年报》上发表了《社会养老不可能取代家庭养老》，1991年11月8日，袁缉辉教授又在《上海老年报》上发表了《"社会养老"不否定"在家养老"》。与此同时，王爱珠教授也特别强调要正确理解家庭养老和社会养老概念的科学含义。有关这方面的研讨，在老年学研究领域曾引起不小的反响。

袁缉辉、王爱珠两位教授对此曾多次发表文章，反复强调这些基本概念的定位和重要作用。"家庭养老"和"社会养老"是区分供养方式的两个不同概念。如果养老的经济保障主要是由家庭成员承担的，就是"家庭养老"；倘若养老的经济保障主要是由社会保险或社会福利或社会救助提供的，那就是"社会养老"。关于"在家养老"（即居家养老）和"入院养老"（即机构养老），这是养老居住方式的对应概念。如果住在自己家中养老，即为"居家养老"或"在家养老"；倘若入住养老院、护理院、福利院等集体养老场所养老，那就是"入院养老"或"机构养老"。弄清楚这些基本概念的特定含义，有利于构建老年学的科学体系，有利于制定正确的老龄事业的方针政策，也有利于指导老龄工作的实践。

遗憾的是，时至2004年，有些媒体仍然出现"适合中国经济与社会发展现阶段的养老模式有家庭养老、机构养老与社区养老三种"，"居家养老，适合中国国情的养老新模式"等模糊提法。事实上，居家养老不是什么新创造，古今中外皆有之，即使在经济发达国家，目前仍以居家养老为主。从我国实际出发，当前和今后相当长的时期内，在构建适合中国国情的养老体系过程中，应加大力度建立以居家养老为基础、社区服务为依托、机构养老为补充的养老架构。在我国人口老龄化高峰到来之前，一方面应加快建立社区为老服务网络，让老年人不出家门就能享受到社会提供的生活照料、医疗护理、精神慰藉、应急救助等服务；另一方面要加速发展社会办养老机构的步伐，适度发展新型的养老机构，以适应高龄化快速发展和独居老人增多的社会需求。

我们由此看到，弄清楚一些基本概念和科学含义不易，把具有科学含义的概念运用到实践中去，也不是一帆风顺的，需要的是像袁缉辉、王爱珠教授那样，从理论和实践的结合上弄懂搞通，才能使理论真正发挥指导实践的重要作用。

三

1995年12月8日和1996年7月12日,《上海老年报》先后刊发了由记者采写的关于王爱珠教授新著《老年经济学》的两条新闻,这在读者中引起了较大反响。主要是报道中反映了王爱珠教授关于以“挂钩”和“分享”的方式来维护退休职工经济权益的新观点。这个观点既有学术上的理性思考,又有联系实际的可行性分析,自然得到社会的强烈共鸣。尽管当时已有不少单位在探索在经济发展中不让退休职工生活水平下降的方法,但大多是初步的,且未能上升到经济理论和经济权益上去深入思考。王爱珠教授的观点,无疑让人们的认识又前进了一步。这为后来的清欠职工退休金、实施养老金统筹等起到了极为积极的作用。

老年经济学在中国是个新学科,但随着我国人口老龄化的发展及其对经济产生的影响,必将备受人们的关注。王爱珠的《老年经济学》已使这门学科有了一个良好开端。我们期盼有更多的专家学者,像王爱珠那样涉足这一领域,使老年经济学在国民经济和社会发展的总体规划中发展并巩固这一阵地,在构建社会主义和谐社会中发挥积极的作用。

2004年一稿,2023年9月修改

《同爱共辉》精萃之点

频　毅

王爱珠、袁缉辉教授伉俪有高度的学术敏锐性和敢于探求真理的理论勇气。

在经济学篇，王爱珠教授所写《从奥地利的社会经济情况看关于资本主义经济的几个基本理论问题》一文，在《复旦学报(内部发行版)》1983 年第 6 期发表，该文在当时就提出如何对待社会民主党、议会道路和劳资合作的"社会伙伴关系"等问题。直到《同爱共辉》由台湾秀威(2006 年增订本)(繁体字本)出版时，才得以正式公开发表。

在社会学篇，袁缉辉、刘炳福教授所写《也评胡绳同志对社会学的"批判"》一文，对当时的中国理论权威提出批评，1979 年发表于《文汇报》的《理论探讨》(内部刊物)，2005 年首次在《同爱共辉》(复旦出版社版)公开发表。

在老年社会学篇，1995 年 3 月 17 日《新民晚报》刊载了屠雨迅先生《老龄化不是大问题》一文。当时袁教授正在美国探亲，他从《新民晚报》美国版上看到这篇文章后，随即撰文对此进行严肃批评。文章寄到《新民晚报》，未获反应。1995 年 7 月 28 日《上海老年报》发表了袁缉辉署名的文章《人口老龄化问题不能不成为中国关注的重大问题》,《中国老年报》1995 年 10 月 25 日全文转载,在全国产生了较大的影响,后发表于《同爱共辉》(复旦本 2005 年版)。

在家庭养老和社会养老篇,王爱珠教授写于 1997 年上半年的《正确理解家庭养老和社会养老的科学涵义——评〈中华人民共和国老年人权益保障法释义〉若干观点》一文,则是对当时的中国老龄协会负责人在国内外多处散布的错误观点的批判。因未被在厦门召开的全国性研讨会接纳,王教授愤然将该文交《复旦学报(社会科学版)》于 1998 年第 2 期发表,开始了所谓“十年论战”。

2021 年 8 月 5 日修改

祝《同爱共辉》新版贺双羊九十华诞

王鹤鸣

我是 1959 年 9 月自上海中学毕业考入复旦大学历史系学习的，当时袁老师是我们的马列主义基础课教员兼年级辅导员。我在复旦五年本科、三年研究生的学习期间，上课的笔记本共有 40 余本，一直保存在身边。今天我打开当年袁老师讲授《共产党宣言》时的笔记，凡讲课的章节标题，均用红墨水书写，各章节内容则以蓝墨水笔记，每页右边留有些许空白，以备阅读参考书摘记或书写心得体会。今天，捧起这本封面有些发黄的当年袁老师讲授《共产党宣言》时的笔记本，真是感慨万端。60 年前，袁老师为我们讲授《共产党宣言》的情景，就在眼前。

袁老师担任我们年级政治辅导员的时间是三年。每当课外活动时间直至晚自修前的几个小时，我们经常会在宿舍走道或 6 号楼东面的篮球场旁边，看到袁老师与年级干部商量工作或与同学谈心的身影。当时正是三年困难时期，袁老师关心同学，嘘寒问暖，帮助同学解决实际困难。他作风民主，讲究方法，工作细

王鹤鸣，原为上海图书馆党委书记兼历史文献研究所所长，研究员。

致，平易近人，与年级同学打成一片，给我们留下了良好的印象。

近几十年来，我们历史系年级老同学活动时，如袁老师在上海，往往会邀请袁老师参加我们的活动，袁老师到外地出差或旅行也不忘探视1959级老同学或举行团聚活动。

2005年是复旦百年校庆。袁缉辉、王爱珠老师为回报母校复旦大学的多年辛勤培育和体现百年校庆“学术为魂庆典为体”的宗旨，撰写了《同爱共辉——袁缉辉、王爱珠教授执教50年暨金婚纪念》一书，及时送到“百年校庆金婚庆典”会场，作为向母校百年校庆的献礼。

我们年级老同学人手一册《同爱共辉》，深受教育，获益匪浅。

正当袁、王老师从金婚进入钻石婚岁月之时，2020年《同爱共辉》新版在上海大学出版社出版，两位老师在保留《同爱共辉》2005年复旦版主体部分的基础上，增加“百年校庆金婚庆典”“从金婚到钻石婚”等章节。

袁、王老师不仅是老年学的研究者，更是老年学的忠实实践者。在“从金婚到钻石婚”一篇里，两位老师重点介绍了他们如何做到老有所养、老有所医、老有所为、老有所学、老有所乐的心得与体会，从而将新版的《同爱共辉》内容升华到了一个新的高度。

2020年《同爱共辉》新版出版后，我们年级老同学也是人手一册，从中获得诸多新的启示和教益。

2019年是我们年级96位同学入学复旦60周年。我们年级于9月25日举办了“复旦大学历史系1959级进校60周年座谈会”。这是我们年级第七次举办全国性的老同学活动，来自全国各地的老同学再次走进复旦园，相聚在历史系会议室，畅叙友谊，回忆1959年进入复旦时的种种情景，交流60年来在共和国的风雨兼程中走过的历程，再次聆听当年任课老师的教诲，我们都情不自禁地抒发肺腑之言：不忘初心，感恩复旦，感恩历史系，感恩袁老师！

袁老师给“复旦大学历史系1959级进校60周年座谈会”发来了贺信：

贺复旦大学历史系1959级60周年庆

袁缉辉

亦师亦友六十载，东西南北入大海，
各行各业显身手，业绩满筐庆归来。

二

儿孙绕膝常欢笑，营养运动很重要，
发挥余热不可少，健康长寿兼备好。

2019年9月3日于洛杉矶

王老师的生日是1931年12月21日，袁老师的生日是1932年1月15日，我们复旦大学历史系1964届上海老同学适时于2021年4月15日，在上海图书馆举办了祝贺袁缉辉王爱珠伉俪新版《同爱共辉》出版暨双羊九十华诞座谈会，会上与在美国的两位老师进行了视频对话。与会17位老同学，深情回顾了60余年来袁老师对我们的教育，衷心祝福两位老师福如东海，寿比南山！

2019年一稿，2023年修改

师著的兰香，学生的星光，同行的益友，学科的光华

——《同爱共辉》

马成东

新春获老师 2020 版新书《同爱共辉》，边读边浮现老师的身影和当年葱郁的校园时光……一晃数十年过去了，是有些感慨。

《同爱共辉》的主人公是袁缉辉教授和王爱珠教授，两位老师除有着寻常人的幽默、和蔼及通常学者具有的睿智、学识之外，还有着很多的“共同”。

两位求学时同校同系同班（复旦大学经济学系 1953 届），同留校执教，终身职业同为教授学者，同为教研事业作出突出业绩，同获国务院颁发的政府特殊津贴，同携手走过金婚、钻石婚而至今精神矍铄。数月前二老从大洋彼岸传来视频，在阳光洒满的草坪上，两个今年（2021 年）近 90 岁的老人顽童般奔走，双双欢欣奔走在 90 岁！也可以说，两人 180 岁——这更是一个难得健康长寿的共同，幸福着自己，鼓舞了朋友。从年轻到晚晴，

马成东，历任上海市民政局办公室副主任，上海市民政局政策法规处副处长，上海市民政局信息研究中心首任主任，上海市社会团体管理局综合处首任处长，上海市社会保障卡管理中心首任副主任，上海市建设功臣、上海市科学技术进步一等奖获得者。

能有这么多个珍贵的共同,可谓"同爱共辉"名副其实。

其实更大的共同是:两位老师盛年时光都是新兴重要学科的带头人,在经济学的旋律里歌颂理想,在社会学的田野里呼唤阳光,在老年学的天地里播种希望。

王爱珠老师自青年时代热爱经济学,在任复旦大学经济学系政治经济学教研室主任和社会主义经济研究室主任期间,学术思想活跃、学术研究深入、学术成果丰富。20 世纪 80 年代,王老师先后发表了《突破传统观念,建立具有中国特色的社会主义经济体制》《高速度发展社会主义经济具有决定意义》《从生产资料所有制结构看深圳特区经济的性质和特点》《深圳的经济发展和社会进步》等很多观点鲜明、内容深入的重要文章,对深化当时经济改革和社会主义经济理论,深化关于特区经济的理论起了重要作用,为与时代同行,提供了一名经济学者丰富的学术成果。

在经济学的旋律里歌颂理想

20 世纪 80、90 年代,我国开始进入老龄化行列。王老师经过调查研究提出,由于我国是在经济不够发达的情况下进入老龄化社会的,由此而带来的经济和社会问题就会比较多,因而研究老年经济学尤为迫切。于是王老师 20 世纪 90 年代初起将立足点移至老年经济学领域,连创三个"首"字。第一个"首"是经过积极上通下达,在各方支持下,1993 年在复旦大学经济学院创设老年经济学研究所并首任所长,带领老中青研究队伍,展开大量呼应老年经济学和现实需求的课题研究。第二个"首"是历经大量社会调查和理论研究，1996 年首著并出版了《老年经济学》一书，以老年群体为研究对象，以老年经济关系为研究内容，揭示了人类群体老化和个体老化过程中，所形成的各种经济关系和经济问题，对诸多中国老年经济问题作出理论上的回答。经济学家蒋学模称之为："我国出版的第一部《老年经济学》，为我国制定人口老龄化对策提供了理论依据。"该书被誉为一项填补空白的建树，被列为上海市社会科学"八五"规划重点项目研究成果，荣获中国老年学学会颁发的"中国老年学研究十年成果一等奖"。第三个"首"是在全国高校中首开"老年经济学"课程，王老师亲自主讲，一些研究生纷纷选听，有当年参加听课、现已成为副教授的几位青年教师很有感触地说，王老师只要一走上讲台就神采飞扬，理论阐述清楚、观点见解鲜明、内容说明丰富。这门课成为当时很有特色的一门研究生专业课程，也因此有相当一部分研究生对老年经济学产生浓厚兴趣，加入研究行列。可以说王老师的三个"首"字，饱含了她作为我国老年经济学的开拓者，对这一领域的先行耕耘和热烈歌唱。

在社会学的田野里呼唤阳光

社会主义也会有亟须研究解决的社会问题，这一毋庸置疑的命题在 1978 年之前的一段时期曾无可提及。其间，有学术权威连续发表批判社会学的文章，引发议论和忧虑，对此《人民日报》内刊发表张子毅等文章《评胡绳同志对社会学的"批判"》予以批驳，而 1979 年袁缉辉与同事刘炳福在《文汇报》内刊发表《也评胡绳同志对社会学的"批判"》，观点鲜明有力，受到学术界的欢迎和好评。为扫除恢复社会学的思想障碍，该文与张子毅等的文章起了南北呼应、拨乱反正的作用。

在全国层面上，十一届三中全会后不久，邓小平在一次党的理论工作务虚会上提出，社会学和其他几门学科“我们过去多年忽视了，现在也需要赶快补课”。而补课最快的当属袁缉辉老师，此时刚从复旦大学调到复旦分校的袁老师，以强烈的社会责任感、敏锐的学术前沿性，认定重建社会学已刻不容缓，同时他也意识到这不应是简单地重复过去，而是要建设适合新中国特色的新的社会学理论和教学体系。在校方大力支持下，袁老师白手起家、奔走呼吁、敢为天下先，1980 年 3 月在复旦分校（后为上海大学文学院）创建了新中国社会学意义上的第一个社会学系并首任主任。记得后来社会学泰斗费孝通先生一次上课时对我们说：“你们袁主任真是胆大，那时从理清建系思路到师资、教材困难很大，几所著名大学还在犹豫，你们复旦分校袁缉辉带了个好头。”建系后袁老师广延名师，除本系的基本教师队伍，还邀请复旦大学的蒋学模、伍柏麟、洪远朋、王邦佐等教授，华东师范大学的吴铎、桂世勋、周尚文等教授，大百科全书出版社的邓伟志研究员，还有中国社会学泰斗费孝通先生等大师级教员为学生讲课，正应了“山不在高，有仙则名；水不在深，有龙则灵”，系虽小而群贤毕至，大大开阔了那时学生的学识和眼界。刚开始系里组织开设的基础课程有“社会学概论”“社会调查与统计”“社会心理学”“人口社会学”“家庭社会学”“城市社会学”“社会学史”“中国社会思想史”“西方社会思想史”等，不久课程越开越完整了。由于有好的师资、好的课程和热情创建的精神，学生们获得成长和提升，早期毕业的学生有成为各级政府部门、各社会工作部门的骨干力量，有成为高校中壮大社会学教研的优秀人才，有遍布世界各地的交流学者。

率先创立社会学系不久，全国第一本社会学杂志《社会》也在他与同事的共同努力下问世了。之后，袁老师又策划成立了第一个社会学研究所，于1986年被任命为上海大学社会学研究所首任所长，为社会学科研打下基础。于是，这在当时就形成了教学、科研、出版阵地三位一体的社会学建设架构。这三个第一开辟了新时期社会学学研和传播的田野，走出校园，现在社会学概念、知识和方法已逐渐遍及全国城乡社会、社区工作的各个层面；而在校园内，全国各地高校的社会学教研和建设已今非昔比、人强马壮、欣欣向荣了，如上海大学的社会学系早已是社会学院了。饮水思源，如原中国社会学学会副会长、上海市社会学学会会长邓伟志所言："后来者可以居上，但第一永远是第一，袁缉辉的这三个第一，是载入中国社会学史册的。"

在老年学的天地里播种希望

老龄问题当今已是世界普遍存在的重大社会问题，最早发生在发达国家，而后逐渐蔓延至发展中国家。20世纪80年代初，在社会学研究中，袁老师受到前辈学者兼领导的曹漫之教授启发和支持，曹先生曾对他说："上海有几百万退休产业工人，他们为新中国贡献了一辈子，退休后如何过上好日子是个大问题，应当组织研究一下。"袁老师深有同感，因为从他所参加的社会调查和报纸上所显露出的社会问题看，老年人面临的生活问题、就医问题以及养老心理、再婚等问题，确是不容忽视的社会问题，对整个社会来说还有个老龄化问题。老龄化研究是一个涉及多学科的问题，这方面具有老年经济学专长的王老师和老年社会学专长的袁老师，从20世纪80、90年代起，合力投入拓展老年学的工作中去。

此时王老师首先意识到人口老龄化与社会经济发展之间，老年人与中青年人口的代际交往之间，老年人在社会生产、分配、交换和消费过程中的地位、行为、利益及实现形式等，已成为亟须探讨研究的问题。于是积极从这些问题出发，站在全社会的立场，对人类老化所产生的各种问题和经济行为，进行了深入系统的经济学研究，在撰写了《老年经济学》一书后，又发表了《老年人共享社会发展成果的理论思考》《老年人是社会发展的参与者和受益者——纪念1999年国际老人年》《提高老年人口的消费质量》等文章，对相关问题作出针对性的科学论断，取得丰硕成果。

而袁老师则从老年社会学和建设老年学的角度出发，对建设早期中国老年学作出丰富的贡献。袁老师撰写发表了一系列重要论述，如《人口老龄化问题不能不成为中国关注的重大问题》《开展老年社会学的研究是一件大事》《中国对老年社会学的研究》《从战略高度研究老年人问题》等，编著了《老龄问题》《老龄化对中国的挑战》《当代老年社会学》等书籍，还参与筹备成立了上海市老年学学会。学会于1985年12月成立，是我国第一个地方性的老年学会，袁老师本人连任四届副会长。在1986年成立中国老年学学会时，他又当选为理事。同时袁老师重视国际上老年学研究的动态和进展，注意借鉴有益的经验和方法，1983年2月至9月，他以访问学者身份去美国耶鲁大学社会学系从事老年社会学研究工作，1985 年 7 月又作为中国代表之一，参加国际老年学学会的学术活动和在纽约召开的第 13 届国际老年学大会，之后多次参与相关的国际学术交流，促进了中外老年学科研的互鉴和进展。

理论生根于实践，学术服务于应用，尤其老年学是一门应用性很强的学科。王老师从不忘“上海有几百万退休产业工人”的初心出发，到伴随全上海、全中国先后跨入人口老龄化，始终身体力行，实践调查研究和具体问题相结合、学术理论和实际工作相结合，早在 20 世纪 80 年代初开始，就带领系里师生深入街道里弄、工厂企事业单位和乡村进行实证调查，运用第一手资料，先后写出《城市老年生活研究》《农村老年生活研究》《高龄老人问题研究》等原创性研究报告，供有关实际工作部门决策参考。经过长期实证研究积累和对大量的国内外文献研究，袁老师组织编著了《社会老年学教程》，从老年学的建立和发展说起，涵盖了老年人口、老年经济、老年婚姻家庭、老年心理、老年闲暇生活、老年社会问题、老年死亡问题等老年学理论和实践的基本内容，在 20 世纪 90 年代为高等院校的老年学课程建设，为涉老工作部门的干部培训，提供一部较为标准的教科书，受到广泛欢迎，获“中国老年学研究十年成果优秀奖”。并且 1990 年起在他的积极推动下，上海大学文学院成立了老年培训中心，至 1993 年对全国各地 1 200 多名民政局、老干部局、劳动局、退管会等涉老工作的干部进行了理论培训，促进了老年学理论和方法在实际工作部门的应用。

1992 年，袁老师向上海市领导提出由市老龄委与各高校、社会科学院合作建立研究机构的建议，第二年得到落实，先后成立了上海市老龄科研中心和6个研究所，其中市老龄委与上海大学合作建立老年社会学研究所，由袁缉辉首任所长；市老龄委与复旦大学合作建立老年经济学研究所，由王爱珠首任所长。自此，他俩的学研活动与实际老龄工作更为紧密相连。30多年来，上海的人口老龄化程度一直先于全国其他地区，而上海的老年学研究和老龄工作也始终保持全国前列，这当中包含着老师夫妇的倾情给力。

如中国保障学会荣誉理事、华东师大终身教授桂世勋所述："袁教授和王教授同是上海市老龄科学研究中心下属两个研究所——上海市老年社会学研究所、上海市老年经济学研究所的首任所长，同是上海市老年学会的理事，袁老师更长期担任上海市老年学会副会长，夫妻共同担任老龄科学研究和学会的领导工作，共同研究老年科学，双双取得这么大的成就，这在中国老年学界是屈指可数的。"桂世勋教授所说的这个"屈指可数"，体现了两位老师奉献老年学这个新天地的一片初心、双份情怀和无比期望。

《同爱共辉》是一本既写学术又写家庭生活的多视角真实记录，一对伉俪名教授主人公，以执教50周年暨携手走过金婚、钻石婚为红线，展示了主人公从学术生涯到爱情生活，从社会到家庭，从年青到晚晴的丰满历程，会让读者浓浓感受一个别致大家庭的和谐温馨和人生可贵的朋友情、师生情。

同时一对老年学专家不仅理论研究老年学，还在自身退休生活里实践老年学，他俩书里总结的个人生活做到"五要"，及其中的"三要忘""四要有""五要学"，是他们健康长寿、快乐幸福的真实写照。世界卫生组织早先提出"给生命以时间"，希望人们延年益寿，后来又提出“给时间以生命”，要求人们有健康的身体和丰富有意义的生活。两位为实现这美好的要求提供了实际体验，值得交流和互鉴。

2021 年 5 月 12 日

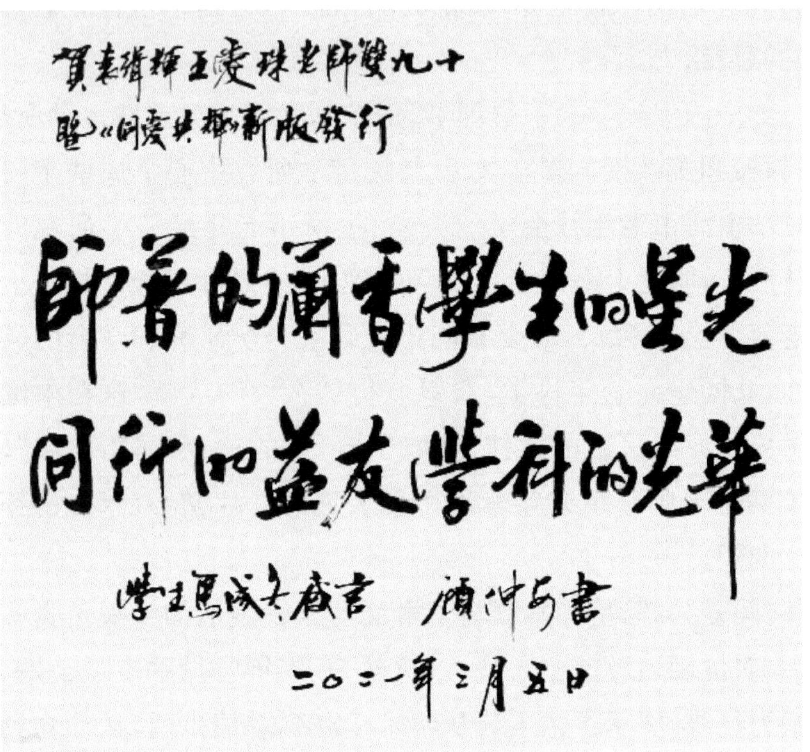

2021 年笔者感言，中国硬笔书法家协会副主席顾仲安先生手书

探索符合中国国情的养老模式

狄菊馨

1979 年的阳春三月仍然寒意料峭，我告别了劳动五年的市郊农场，踏进了复旦分校，开始了全新的大学生活。大一那年作为政治系的学生，我们上了文科类必修的基础课程。进入大二下半年，我们的大学生活发生了具有历史意义的变化，这所新建的学校乘改革的春风，大刀阔斧地在政治系分系，开创了当时社会急需的专业：法律、经济和社会学。我和其他 28 位同学进入了新建的社会学系，成为改革开放后第一批社会学专业的学生。

说到这个变化，我首先想到的是第一任社会学系主任袁缉辉老师。从复旦大学经济学系毕业留校任教多年的袁缉辉教授是复旦分校的创始人之一，社会学系也是在他主导下建立的。众所周知，社会学在中国曾被称为资产阶级学科受到批判，在大学里提起社会学仍然心有余悸。在当时的历史条件下，跨出重建社会学的第一步需要多大的智慧和勇气。袁老师和他的同仁们有着政治家的卓识远见和学术敏锐性，看好这门学科的发展前景，锐意改革义无反顾地为社会学重建开始拼搏。袁老师还

狄菊馨，复旦大学分校首届(1983 年)毕业生，美国纽约市老年局计划署研究员。

具有社会活动家的召唤力和执行力，从选教师到组织团队编写大纲和教材，他全身心投入，亲力亲为。在他的努力下，我们幸运地师从一批当时学术最优秀、思想最活跃且勇于创新的社会学教师。事实上，学生在接受最初的社会学专业知识时受益匪浅，就我而言，大大开阔了学术视野，培养了多角度思考问题的方法，凝练了我日后开展跨学科、跨专业科研工作的潜力。

毕业后，我一直在人口学领域工作。我曾在北京研修人口学，并获联合国奖学金赴荷兰接受人口学的专业培训。那个时期，我的主要课题是研究老年人口，比如上海市老年人生活意愿调查，分析比较中日老年人口问题之异同，这期间发现了诸多令人关注的问题，对老年人口学由此产生兴趣，并"从一而终"。当时袁老师的研究重心也转到了老年学。在市老龄委员会，我聆听过他根据自己在发达国家的访问和考察对欧美国家人口老龄化及其家庭和社会养老模式的介绍。这为我的兴趣和研究提供了新的视角。在国内当时兴起的老年问题讨论中，我看到人口学者较多关注的是人口模式的转换，如由生育率下降人口预期寿命提高及老年抚养系数上升对养老模式的影响。社会学者倾向于探讨社会变革下家庭文化和家庭类型的变化对养老模式的影响。但共同点是，大家都看到了改革开放以后中国开始了西方发达国家所经历过的工业化和城市化，伴随着这个进程，中国传统的三代同堂的主干家庭或扩大家庭类型正在发生分化，代之而起的是小的核心家庭的重要性开始上升。与西方国家不同的是，中国的独生子女政策促成了中国家庭核心化和人口老龄化的提前到来。这种现象预示着传统的反馈式家庭养老将难以为继。然而，在人们的观念里养老应该是家庭或子女的责任仍根深蒂固。同时，社会养老不具备条件，因为国家没有为老年人建立完备的社会保障体系。如何应对这个严峻的社会发展趋势，研究符合中国国情的养老模式无疑是当时国内老年学学者们瞻目注心的课题。

20 世纪 90 年代，我在美国留学读研期间仍然是在社会学系，专业方向为人口学。秉持复旦分校养成的跨学科的思维方式，也为了延续在国内的研究兴趣，我的选课不单局限在社会学和人口学，还有几门是跨院系的老年学。后来我的博导委员会也是由这三个专业的教授组成。事实证明，这个选择对我的课题展开和以后择业极有帮助。我在美工作和生活多年，无论从数据还是亲眼所见，美国老年人的养老方式可谓多种多样，但 90%以上的老人住在社区居家养老，仅 5%的老人住进半护理或全护理养老设施。这种居家养老是以较完善的政府和社区支助体系为基础的。美国老人退休后一般都有联邦政府发放的社会安全金，享有联邦医疗保险；低收入老人还有社会补助金及医疗补助。各级政府为老人提供预算立法，确保每年发放的老年基金，并与社区服务机构签约，为居家老人提供所需要的服务。居家老人有住在私人老年社区或公共老年公寓，也有仍住在自己家里或与子女亲戚同住。社区提供的老年服务项目，包括老年中心，服务评估管理中心，日照中心，送饭上门，在家日常生活和健康护理，交通接送，照料者支持服务，等等。有些服务根据老人支付能力，收取一定费用。家庭成员如不同住的成年子女给予老人的主要是精神上的照料，但他们作为老人和社区机构的联系人也扮演了重要的角色。

从复旦分校毕业一路走来，我在美国一直从事老年问题研究，甚感欣慰，同时也不断关注中国养老模式发生的变化。2000年至2010年间我曾经代表局研究室接待了不少来自中国的政府代表团，其中有经袁老师介绍来访的上海代表团。转眼毕业已有35年，但在复旦分校度过的四年就像发生在昨天。感叹当年选择社会学对自己后来的人生所带来的影响。感谢母校和社会学系的栽培！感恩我们的第一位系主任袁缉辉老师！衷心祝愿二老健康、幸福、更美满！

2018年一稿，2023年二稿

抚今追昔，鉴往知来

——忆当年养老概念之争

沈　妍

光阴荏苒，如白驹过隙，一转眼，迎来了恩师袁教授和王教授两位学术界前辈的钻石婚之喜，讲述二老生平的《同爱共辉》2020 年版一书即将交付出版。再一次翻看手中 2005 年版的书，往事历历在目。

遥记当年在社会学系就读之时，先生给我的印象一直是一个风度翩翩、性格随和风趣的人，与想象之中不苟言笑、肃穆端方的老教授形象相去甚远，反倒更像一位慈祥的长者，我们作为学生都很喜欢他。那时候，我们还不是很清楚袁教授在学术圈的成就，更无从得知他不凡的家世和传奇的经历。后来，由于先生的引介，我进入了市老龄科研中心，也因此认识了王爱珠教授，她从事的是老年经济学方面的研究。那时候就觉得，夫妇二人同为教授，又从事相关的专业，简直完美啊。后来，我还是通过《同爱共辉》这本书才对两位先生的经历以及从事老年学方面研究的历程略知一二。

沈妍，上海大学文学院社会学系 1993 年本科生，上海市老龄事业发展促进中心研究人员。

人口老龄化问题是当今中国社会的一个热点话题，而作为全国第一个迈入人口老龄化的地区，上海早在1979年户籍人口之中，60岁及以上的老年人口便达到了10%，即达到了联合国的人口老化标准。我们知道，对于社会问题的认识往往是滞后的，多是要在其产生比较明显的影响之后再回头去追根溯源。对于老龄问题的认识亦不例外。事实上，当年国人，包括学术界对于人口老龄化的认识还近乎空白，甚至于在十多年之后老龄问题已经逐渐引发社会重视的情况之下，仍然有主流媒体发文认为人口老龄化还不是一个大问题。可想而知，在1979年，哪怕是在学界，也少有人知晓老龄化这一在今天已然是社会热点的概念。然而也正是在1979年先生与上海总工会筹组“上海老年人问题研究会”之时，他敏锐地预见到了老龄化对于社会发展的影响力，并在其后的学术生涯之中以此作为研究的主要方向。并且，在他的建议下，王教授也将研究方向转至老年学方面。

30多年来，上海的人口老龄化程度一直领先于全国其他地区，而上海的老年学研究以及老龄工作的进展也始终保持在全国前列。饮水思源，先生也是当年的奠基人和推动者之一。1993年，上海市老龄科学研究中心成立，并与各高校合作成立了六个研究所，很好地起到了学术研究与实践工作结合的桥梁作用，其中也多有先生为之出力。作为一名社会科学的研究者，他非常重视学术研究与实际工作的结合，这实际上也正是老年学研究的价值所在。而这种模式在其后几年也发挥了巨大的效能，充分显示了其优势所在。上海多项老龄政策的出台背后，都有科研中心的辛劳成果。

理论研究和实际工作之间相互促进的局面无疑是双赢的，

但事情的发展往往不可能是一片坦途的。须知在那个年代,无论是政府部门还是社会各界,对于老龄问题的认识和理论素养,远不如现在,在那样的情境下,出现思想的混乱几乎是必然的。家庭养老与社会养老的科学含义之争便是一个典型的事件。事情的来龙去脉在书中已多有叙述,这里不再赘言。事实上,这场争论的焦点其实非常简单。家庭养老和社会养老是按照养老的经济来源而区分的,而居家养老和机构养老是按照养老的场所而分的。有些人将这两组分类标准不同的概念放在一起混谈而产生混淆。其实,误读概念并不是什么大不了的事情,我们对事物的认识总归是有个过程的,问题在于要有严谨和实事求是的态度,尤其是对于具有巨大社会影响力的决策者而言。然而,正是由于一些上位者的傲慢,导致了老龄工作领域的思想混乱,其影响甚至至今仍有余存。

可能有一些观点会认为,几个概念而已,并没有什么大不了,又不是做理论研究,只要把工作做好就行了。彼时也有不少人劝两位教授不必太过较真,让领导难堪,但他们两位却十分顶真,坚定地站在同一阵线,在各种场合进行澄清。当时,作为初入门的新人,其实当时我也不是很能理解两位先生的执着,但现在,20 多年之后,回头看这场争论,方才能够理解他们的苦心之一二。正是那场含义之争使得我看到了两位德高望重的老教授顶真、执着的另一面,令我最为敬佩的并不仅仅是他们严谨的治学态度,更是作为学者为坚持真理而无畏的风骨。我们多感慨于两位先生在学术研究方面的敏锐,如今却发现,他们身上最为可贵的品质乃是风骨,只是如今这样的人是越来越少了。这场争论的意义其实远远超过了概念本身,正是因为他们当年不遗余力地澄清，上海的学界和实际工作领域对于相关概念的认识还是比较清楚的，并未产生思想混乱。正是在这一基础之上，2005 年，上海率先提出了建设“9073”养老服务格局，即 90％由家庭自我照顾，7％享受社区居家养老服务，3％享受机构养老服务。这一提法虽然从理论研究的角度看仍然是有瑕疵的，但对于居家养老和机构养老的概念把握的大方向是正确的。“9073”养老服务格局的建立，确立了居家养老的导向机制，与先生当年所提出的观点一致。而且，这一工作思路为全国老龄工作的开展提供了可复制、可操作的成功范本，为国家建立新型养老服务体系提供了重要借鉴，对于全国的老龄工作产生了深远影响，同时也起到了消除当年概念混淆所造成的思想混乱局面的作用。

时至今日，居家养老作为老年人养老的主要方式已经不仅是上海的共识，也成为全国的共识。当前，随着为老服务的发展，形式也越来越丰富，出现了很多新模式和新业态，对于我们研究者而言，如果没有坚实的理论基础，势必会晕头转向，研究也会误入歧途。试想一下，如果连居家养老、家庭养老的概念也分不清楚，如何来厘清家庭、社会在赡养照料老年人方面的责任呢？又如何定位社会服务的功能呢？没有正确的理论指导，面对纷繁复杂的局面，又从何着手研究呢？所以，回过头来看，必须感谢两位先生在那时候对于真理的坚持，才有如今的良好局面。再看看他们当年的著述，发现他们所提出的诸如“发展新型老年公寓”“急需发挥家庭的养老功能”“对老年住宅进行改造”“大力发展社区服务帮助居家养老”“发展老年社会化服务”等在 20 世纪八九十年代提出的诸多观点，在当前的实际工作之中正在陆续施行，令人不得不感慨他们的远见卓识。衷心祝愿二老健康长寿,晚年幸福安泰,为我们的健康老龄化、积极老龄化再做楷模!

2019 年一稿,2023 年二稿

伉俪教授的金色晚年

王　俊

第一次见到袁老师是在复旦大学分校社会学系1981级新生报到的第一天。那时袁老师是社会学系的系主任，而我则是一名刚刚跨出中学校门的大学新生。记得袁老师问我的第一句话是：你为什么会选择社会学？我如实告知，高中临毕业填写大学志愿时正巧看到《青年报》上费孝通先生的一篇谈社会学的文章。这启发了我对社会问题、社会变迁和改良的思考，进而引发了我对社会学这门学科的兴趣，于是就选择了复旦分校社会学系作为我的第一志愿。

袁老师给我的第一印象是一位温文儒雅的学者，让人敬重，但并不让人生畏。在校四年，我虽不出类拔萃，但袁老师还是提携后生，给我机会，把我所撰小文收集在他编辑出版的书里。因为我的毕业论文写的是关于中国式的家庭为主、社会扶助的养老方式，袁老师又成了我的毕业论文指导老师。袁老师治学严谨，一丝不苟。记得论文答辩时，袁老师一上来就要我提供一个论据的出处，由于准备不足，一时间我张口结舌，无言以对。他

王俊，加州大学洛杉矶分校医疗集团财务部副主任。

的提问像是一个小木榔头敲在我的头上，让我至今记忆犹新。年轻时从袁老师身上学到的严谨认真的治学态度，让我受益终身。在以后的人生旅程里我都信奉口说有凭、言之有据的原则，无论做人做事，认认真真，踏踏实实。

有缘结识袁老师的夫人，快人快语、大名鼎鼎的复旦经济学教授王爱珠老师，是因为他们的爱女玮的缘故。四年同窗，我们性情相投，玮成了我最好的闺蜜。因为是走读，很多同学下课后各自回家，课外的联系并不多，但我俩却总有说不完的话，经常下了课以后就顺道去玮的家接着聊天。第一次见到王老师，那时她刚从南斯拉夫做访问学者回来。我因久闻她的大名，敬慕之余不免有些畏惧。每次去玮家，总是进门叫一声王老师好，出门告辞一下，能避则避，我担心和王老师一聊天，我就会在这位才女教授面前暴露出自己的才疏学浅。

对袁老师和王老师更多的了解是在最近的十几年。为了方便相互的照应，特别是为能经常见到宝贝的第三代，袁老师夫妇退休以后就搬来洛杉矶和女儿同住。而我自从定居洛杉矶以后，周末也常会和先生一起驱车去见我的闺蜜，袁老师夫妇的爱女玮，从而和袁老师夫妇也有了更多的交往，对他们有了更多的了解。此时的他们虽然已经从繁忙的职务上退了下来，但他们的退休生活非常充实和忙碌。他们把活到老、学到老真正体现在他们的行动上。虽是 80 高龄，袁老师仍旧思维敏捷，整天忙忙碌碌，对新事物一点都不落下。从电脑到智能手机、iPad，袁老师样样都会玩。最近袁老师又学会了用微信和众多的亲朋好友保持联系。虽是退休多年，但他的社会交往依然非常广泛和活跃。

而王老师更是兴趣广泛，爱好多样，学英文、舞蹈、太极，编织和制作首饰、摆件。王老师心灵手巧，每年我都会收到她自己精心制作的精美手工艺品。那些色彩斑斓的热带鱼，可爱的小熊、小乌龟让我爱不释手。我把她送给我的每一件作品都收藏了起来，希望自己退休以后也能像王老师那样去制作一些手工艺品，让自己的晚年生活像他们那样丰富多彩。

袁老师夫妇还定期和其他有做手工珠宝爱好的朋友交流技术和经验，同时也一起聚餐，增加生活的乐趣。袁老师夫妇的朋友圈不只局限于同龄老年人，他们也非常乐意和比他们年轻的一代交往，而不摆出长者的架子。这些年来袁老师夫妇和我们一起去了圣地亚哥野餐，圣塔巴巴拉参观最早的天主教堂，盖蒂博物馆欣赏名画，曼哈顿海滩观海景。我们和袁老师夫妇一起度过很多的假日和生日，我们也有幸见证了他们的金婚纪念。

袁老师夫妇的幸福晚年生活，不禁让我想起了我大学毕业时的论文，关于中国式家庭养老的模式。我当时的论点是老人与子女之间应该互相帮助，又相对独立，这样的家庭结构既有助于解决老年人的精神孤独的问题，老人在含饴弄孙的同时也适当地减轻了子女在孩子幼小时照顾的压力。

袁老师夫妇退休移居美国以后既有着自己的独立居住空间，但又和女儿一家共同生活，享受着天伦之乐。袁老师夫妇虽是老骥伏枥，但精神生活丰富多彩。在他们的身上根本看不到老年人的精神孤独问题。这让我开始反思自己对老年人精神生活的认识。以前我们在谈老年问题时强调家庭和子女要对老年人提供精神上的赡养，就是要对老年人给予足够的精神上的照顾，减轻他们的孤独感。但是看到袁老师夫妇老年生活这么丰富多彩，让我意识到老年人完全可以掌握主动权，培养兴趣爱好，保持社会联系，有着自己的朋友圈，最重要的是保持积极向上的心态，适当地锻炼身体，注意自己的身心健康。

如果老年人能够意识到他们掌握着主动权，他们可以改变自己的思维方式和生活方式，从被动地等待别人来解决自己的孤独问题到自己积极主动地多些爱好，有着自己的朋友圈，幸福的晚年生活就不再是梦想。袁老师夫妇给了我们一个现实的榜样。

2019 年一稿，2023 年二稿

同 爱 共 辉

张广智

前些日子，在上海图书馆二楼贵宾室，灯光敞亮，笑语喧哗，吾班借此小聚，朝杖之人围观50件由玻璃水晶手工编织的工艺品，这是远在大洋彼岸的袁缉辉老师夫妇刚给我们寄来的，令人无比喜悦、无比激动。这些工艺品，有十二生肖的，有女性饰件的，有日常用品的，有儿童玩具的，真是花色繁多，琳琅满目，沪上同学近水楼台先得月，可优先选一件，我一眼看中了一只小钟：钟身为白色玻璃球，边沿红白相间，内有一个小小的铜铃，煞是可爱。举目直视，不禁让我回忆起六十年前刚入复旦的往事。

敝人乃寒门子弟，在上海的“下只角”闸北区(现合并在静安区)长大，考入复旦，好似跃登龙门，自是高兴。入学后一天去燕园玩，一时兴起，朝着燕园西南大铜钟的方向猛吼：“复旦，我来了!”事后，我把这趣事告诉了时任我们年级政治辅导员的袁老师，记得他鼓励我要学出个样子来。一挥手，60年过去了，他当时给我励志的话忘了，但现在我看着手上的小钟一摆动，发出了幽幽的响声，好像警钟长鸣，奏出来的强音分明是“博学而笃志，

张广智，复旦大学历史学系教授。

切问而近思”(复旦校训)。

当下,贵宾室可热闹了,徐爱珠同学确如其名,她眼捷手快,视这些工艺品为“珠”,在桌子上不断摆弄出不同的图形,即刻用手机拍下了多张照片,发至群内。我挑了几张,转发给袁老师夫妇俩,瞬间就有回复,四个字:“同爱共辉”。

好一个“同爱共辉”!这四个字蕴含了多层意义,传达出许多传奇的故事:师母名为王爱珠,这一双贤伉俪同龄,虽非同月同日生,但也只差24天;同班同学,皆为复旦大学1953年经济学系的毕业生;毕业后均留校工作,成就昭然。这“三同”似不多见吧,尤其难能可贵的是,他们晚年一起置身于老年学的研究,既有其言,又有其行,是两位名副其实的老年学的倡导者和实践者。他们提出要“积极养老”,以“老有所为”达到“老有所乐”,不是吗?师母在耄耋之年,像小姑娘那样学习钩针,编织工艺品,乐不可支,赠送给我们的礼品,就是王老师巧手制作的。“予人玫瑰,手有余香”也。写到这里,读者会认出“同爱共辉”,是从夫妇俩的名字中各取一字缀合成词,透过字面,这“同爱共辉”让人感受到他们共同的爱好,显示了共同的学术旨趣和辉煌。

袁老师不只是我们年级的政治辅导员,尽心尽职做了三年,还是我们“马列主义基础课”的教员,大一上学期他就给我们深入讲解《共产党宣言》,给大家留下了深刻的印象;袁老师也是李鸿章、袁世凯、段祺瑞的后人,我们念书时是不知晓的,现在想来这对贤伉俪,竟然能经受风风雨雨,平安无恙,这难道不是一个“奇迹”吗?

这些精巧的手工艺制品,品质如同清晨的露珠,颜色如同雨后的彩霞，象征着浓浓情谊，让人浮想联翩，突然想起了李白的名诗《赠汪伦》，即仿诗仙得一打油诗作为结尾：

窗外风雨宅内静，同爱共辉闪晶莹。
大洋浩瀚深万丈，不及吾师赠我情！

本文原载《新民晚报》2020年11月18日

不 悔 今 生

张广智

5 月 27 日是上海解放纪念日，同时也是复旦大学校庆纪念日。之前几天，我作了一首小诗：学步邯郸梦犹在，风雨同舟六十载。此行重走人生路，卿云相辉共徘徊。这诗记录了 2024 年 5 月 3 日一次情景交融的纪念活动，此举也是我们献给母校 119 年华诞的心香之瓣。

是日，正值“五一”劳动节放假之时，复旦园里游人如织，一路欢声笑语，朝气蓬勃，长者们为何要“轧闹猛”呢？我们这拨儿老复旦，1959 年进校，五年制本科，1964 年毕业，至今已近 60 年了。乘北京老同学节假日南下沪上探亲访友，便开启了我们的“复旦历史系 1964 届毕业六十周年纪念活动”。

上午聚会上海图书馆，看往日活动录像，座谈。会议由徐爱珠主持，她以“64 届的过去、现在和未来”相互贯连的历史命题开篇，牵引起与会者的话语。吾班诗人代表洪金魁朗读了外地同学的贺诗和自己新创作的二首七律诗，其声嘹亮激昂，与徐的淳美之音相联翩。临近结束，颜声毅发言道：“我们 64 届的同学们

张广智，复旦大学历史学系教授。

怀着一颗'报效祖国'的心,毕业后无论从教、从研、从政,都写下了每个人生命履历中浓墨重彩的一章,为国家的繁荣昌盛作出了各自的贡献。回顾往昔,可以用'不悔今生'四个字来归纳。"“不悔今生”,可为1964届代言,也道出了全班每一个同学的心声。

下午移步复旦,寻访当年我们学习和生活过的地方。面包车沿着中环北行,望窗外,春日的阳光一路陪伴着我们,遽然心中响起了百年校庆时唱遍校园的歌:“复旦,我回来了,让你倾听我那无尽的牵挂。复旦,复旦,你是我永远的母爱,复旦复旦,你是我永远的家。”车从东校门进校,1978级系友、知名文史作家读史老张(张国伟)和系上两位小友来迎。我特邀国伟当“导游”,他有满腹的校史轶事,满脑的趣闻故事,可以串成一部别样的复旦校史,有这样一位校史专家为我们讲解,幸矣。

我们在老教学楼(今为第一教学楼)前驻足。且把时空切换到1959年秋,从三楼1239教室传来了宏音:“一个怪影(现译为'幽灵')在欧洲游荡——共产主义的怪影。”它穿越111年的时空隧道,在这座楼里飘荡,响彻东方……这个为历史系一年级学生新设的“马列主义基础课”,首篇就由袁缉辉先生执教马克思和恩格斯合著的《共产党宣言》,揭示了一个全新的世界,深深地蕴藏在1959级学子的心坎里。

雨丝风片,烟波楼宇。1947年建造的登辉堂(今相辉堂)给我们留下了难以泯灭的印象。我们念书时,登辉堂是全校政治和文化中心,尤其是后者,比如20世纪五六十年代,登辉堂每周要放两次电影,这是我们这一辈难忘的共同记忆。拍合影后,王鹤鸣和我、林仁川回忆当年三人一起参加首次全国性考研。考试前夜，大雪纷飞，晨起偌大的校园，竟是一派北国风光，我们踏着三四寸厚的白雪，向设在考场的登辉堂迈步。考场甚冷，几盆炭火，根本无济于事，考生们埋头答题，哪还顾得上这些。这次考研全国统考，是一段多么刻骨铭心的青春印记。

漫步校园寻旧迹，六号楼前芳草萋。读史老张说，这楼可不简单呀，留下了一届又一届的历史学子的足迹，现为任重书院的学生宿舍。一走进楼门，往左第一间，林仁川就像回到久别的家。他难抑激动："我入学时就住在这个房间啊。而且，这间房与我同住的还有我三个高中同班同学。"在复旦历史系系史上，一个中学同一班级被我系录取 4 人，真是一则学林佳话。

夕阳西下，车子缓缓驶过正校门，大家向母校挥手告别。1964 届 96 位同学中，14 人作为代表。时光荏苒，同窗五年，赋予我们的"复旦基因"；六十年走过的似水年华，铸就我们的"复旦精神"，永不消逝。重走当年在复旦学习生活过的地方，感慨万分，那一草一木似乎也在为 1959 级点赞，那一砖一瓦亦为 1964 届歌吟，正是："不悔今生"情切切，春风常绿青春在！

本文原载《新民晚报》2024 年 5 月 27 日

《同爱共辉》跋

《同爱共辉》增订本跋

施宣圆

今年春天，袁缉辉老师寄给我一本由复旦大学出版社出版的《同爱共辉》。这是他和太太王爱珠老师执教 50 周年暨金婚纪念的合集，是他们献给母校复旦校庆 100 周年的礼物。全书 34 万多字，近百幅照片，有他们的传略和自己撰写的“心路回眸”，有他们论著的摘录，还有 20 多位名家为他们写的序言和书评，真实地记录了他们的学术生涯和爱情生活，反映了他们这一代知识分子近半个世纪以来的特殊经历和难忘的岁月。最近，台湾的秀威出版社将用繁体字出版该书的增订本，他们将准备增订的书稿寄给了我。我认为这本书是很有学术价值的，它为我们提供了研究经济学、社会学、老年学许多珍贵的资料。复旦版的《同爱共辉》一经问世，就受到广大读者的欢迎，销售一空。我相信，秀威出版社的增订本也一定会受到读者的欢迎。

袁、王二位的名字，在复旦、在经济学界、社会学界、老年学界，乃至上海学术界许多人都知道。朋友们称他们是“三同”伉

施宣圆，上海《文汇报》高级记者，上海市历史学会理事。2016 年逝世。

俪——同龄、同窗、同是享受国务院颁发的政府特殊津贴的教授；老年学界许多人则称他们——同是上海市老年科学研究中心下属两个研究所(上海市老年社会学研究所、上海市老年经济学研究所)的首任所长，同是上海市老龄科学研究中心的学术委员，同是上海市老年学学会理事，袁教授更是长期担任上海市老年学学会副会长。夫妻一起献身于老年学研究并取得丰硕成果的，在上海老年学界是独一无二的，在中国老年学界也是屈指可数，真是珠联璧合，同爱共辉。

袁老师是复旦历史系1964届的政治辅导员，我是1965届的，他给我们上“马列主义基础课”，历史系学生宿舍在6号楼，辅导员和学生的宿舍在一起，我们常常见到他，那时他三十多岁，戴一副眼镜，文质彬彬，风度儒雅。学生们知道他是袁世凯的后裔，与李鸿章也有些瓜葛。袁世凯、李鸿章是什么样的人，我们历史系师生特别熟悉。但他的人缘好，又是教马列课的，与学生相处十分融洽，学生们爱戴他、尊敬他。不过，他讲课小心谨慎，不像有的老师随便发挥，更不敢开“无轨电车”，因为马列主义课政治性最强，他出身又不好，一旦被人抓住“辫子”告发，就麻烦了。王爱珠是经济学系的老师，复旦青年教师中的佼佼者，人称“女秀才”。也许是袁老师的关系，历史系许多师生对她很熟悉，因为他们有那层与袁、李的关系，在浩劫岁月中注定是在劫难逃的。

扫除“四害”，大地回春。复旦在江湾创办分校，袁老师从复旦世界经济研究所调至分校任政治系主任。这时，中国共产党十一届三中全会刚开过不久，全国人民都在解放思想，拨乱反正。1979年3月，邓小平在理论工作务虚会上说，社会学等学科

"我们过去多年忽视了,现在也需要赶快补课"。沉默多年的社会学者欢呼雀跃,奔走相告。不久,北京成立了以费孝通先生为会长的中国社会学研究会,上海成立以曹漫之先生为会长的上海社会学学会,袁老师为上海社会学学会的成立做了大量工作,他任副秘书长。接着,他又为社会学研究的恢复和发展四处奔波,参与创建了"三个第一"。社会学家邓伟志先生说:"袁缉辉在几位不畏艰险的学者型领导同志的带动和支持下,在文革后率先设置了中国第一个社会学系,率先成立了中国第一个社会学研究所,率先创办了中国第一本社会学杂志。……袁缉辉的这三个第一,是载入中国社会学史册的。"后来,他还筹建中国第一个地方性的老年学学会——上海市老年人问题研究会和第一个老年社会学研究所。

袁老师有一种超前的学术眼光和理论勇气。恢复社会学研究,不仅要有研究团体和机构,当务之急是要对社会学研究的理论拨乱反正,消除"左"的思想影响。1979 年 10 月,《文汇报》发表了他和刘炳福教授合写的《是恢复社会学研究的时候了》。文章指出,社会学是关于社会的科学,它是以具体社会为对象,对人类社会结构、人类社会行为进行科学研究的一门学科,无产阶级当然也需要这样的社会学。可是,1952 年,苏联把社会学打成伪科学,"老大哥"这样做,我们当然不敢违命,立即取消高等院校的社会学专业和课程,社会学从此被打入冷宫。不久,在"双百"方针鼓舞下,社会学界又重新提出社会学研究问题。1957 年,费孝通先生在《文汇报》发表《关于社会学,说几句话》的文章,在社会上引起了强烈的反响,一时间,社会学研究出现了一番新气象。然而,好景不长,整风"反右"运动一来,社会学研究遭受围攻，费先生被打成右派，社会学又被判为资产阶级的伪科学，从此，社会学研究成为“禁区”，人们不敢问津。现在，雨过天晴，是恢复社会学研究的时候了。他们说：“二十多年来，我们已经吃够了取消社会学的苦，为了贯彻国民经济的调整、改革、整顿、提高的方针，实现工作重心的转移，我们需要在马克思主义的历史唯物主义的基本原理、观点和方法的指导下，恢复和发展社会学，深入社会实际，研究社会问题，使社会学为实现四个现代化服务。”在全国报刊中，这是较早公开发表为社会学平反的文章。与此同时，他们在《文汇报》理论部创办的《理论探讨》发表《也评胡绳同志对社会学的“批判”》一文。胡绳同志在反右斗争期间，曾经写过四篇批判社会学的文章，二十年后，他出版《枣下论丛》增订本，还增收了当年批判社会学文章中没有发表的部分。对此，社会学界的专家学者议论纷纷，就在此时，一些同志本着“双百”方针的精神，著文同胡绳同志商榷。《人民日报》理论部《理论宣传动态》刊发了张子毅等《评胡绳同志对社会学的“批判”》。袁老师他们认为胡绳同志是理论界的权威，他对社会学的错误观点如果没有肃清影响，社会学的研究就难以开展，所以，他与刘炳福合作写了这篇《也评》。当时，《理论宣传动态》和《理论探讨》都是在十一届三中全会精神鼓舞下创办起来的内部刊物，发表了理论学术界许多名家有分量的未定稿件，有的文章后来在报上公开发表。这两个内部刊物很受学术界的欢迎，对理论界解放思想、拨乱反正起了很大的作用。袁老师他们的文章，在社会学界反响很大，有人说是一唱一和，南北呼应。从此，可以看到袁老师他们要求恢复社会学的迫切心情和勇于追求真理的胆识。

老年学是社会学的分支，因为筹建上海市老年人问题研究会，袁老师和上海总工会宣传部以及离退休老人有较多的接触。1983年，他赴美国耶鲁大学社会学系作访问学者。他的合作者是研究老年社会学的。之后，他又赴美参加国际老年学会的学术活动。于是，他逐步对老年社会学发生兴趣，开始进入了老年社会学研究领域。十多年来，他深入基层调查研究，掌握了大量的有关老年人的资料，撰写了一系列学术论文，主编了《老龄问题》《城市老年生活研究》《当代老年社会学》等著作，当之无愧地成为老年学学科研究的带头人！

王爱珠"文革"中与丈夫共患难。党的十一届三中全会以后，她和丈夫一样，全部心力投入工作中。她是经济学家蒋学模教授的高足，一直从事社会主义政治经济学的教学和研究工作。参加编写许涤新先生主编的《政治经济学辞典》，不久，被派往南斯拉夫进修。就在袁老师大力为恢复社会学而奔走呼号之际，她伸出了声援之手——与人合译了南斯拉夫大专院校教材《社会学——马克思主义关于社会的一般理论基础》。当时一些老师对恢复社会学研究还心有余悸，王爱珠的这本译著，是对重建中国社会学的支持，也是对丈夫的支持。进修两年，回到复旦，王爱珠也进入老年学研究领域。不过，袁老师的研究侧重于老年社会学，王老师研究的重点则是老年经济学，二者既有联系，又有差别。王爱珠也是一位事业心很强的人，老年经济学，既是老年学，也是经济学的一个分支，是老年学和经济学相交叉的一门学科。为了创建这一学科，她到处实地调查，又注重理论研究，在报刊上发表了一系列有关老年学理论文章。她也是一位具有敏锐眼光和勇于探求真理的理论工作者。家庭养老向社会养老(社会保障制度的制定与完善)过渡本是社会发展的普遍规律,而居家养老则是古今中外老人的普遍居住形式,机构(入院)养老只能是极少数。可是,原中国老龄协会某负责人却不断散布错误观点,把家庭养老与居家养老混为一谈,致使某些地方制定规划时出现偏差。王、袁夫妻和一些有正义感的理论工作者不畏权势不怕压力,奋起批判这一错误观点。王爱珠在《复旦学报(社会科学版)》发表《正确理解家庭养老和社会养老的科学涵义——评〈中华人民共和国老年人权益保障法释义〉若干观点》(1998年第2期),这是一篇带有总结性的论文,虽然她本人为此受到不公正的待遇,但它对澄清这一错误观点起了重要的作用。2000年,复旦出版社再版了她四年前出版的《老年经济学》一书,这是一部填补空白的学术著作,曾经荣获中国老年学会颁发的中国老年学研究十年成果一等奖等多项奖项。蒋学模教授在《文汇报》学林专刊发表《加强老年经济学研究》书评,指出:"这本书写得很好,它运用马列主义经济学的原理和方法,系统地阐发了人口老龄化所引发的社会经济关系的变化,涉及退休制度、老年人口再就业和老年人才的开发利用、老年人口面临的代际关系、社会养老保险制度、老年人口的物质消费、文化消费、医疗消费和丧葬等方方面面。它是一本理论著作……是我国各涉老部门工作者一本很好的读物。"王爱珠对老年经济学研究的贡献有目共睹,她是老年经济学学科研究的带头人。

在袁、王金婚与执教50周年之际,北京一位友人送给他们一副中心门诊发药清单对子:"甜也做,苦也做,顺也做,挫也做,共攀学界高峰;易也为,难也为,壮也为,老也为,同获学术硕果。"这是他们一生的写照。现在,这对"三同"伉俪已年逾七旬,因为子女辈和亲属大多定居在美国，他们每年总是东西半球两头跑，但是，无论在什么地方，他们都是退而不休，心里永远系着老年学。

2005 年 9 月上旬于上海

《同爱共辉》增订二版跋

仇立平

我与袁先生相识已近三十年了，其中约有十七年与先生共事，也曾和先生一起做过老年学研究，虽未曾执弟子之礼，但也长期受益于先生的教诲。先生与夫人王爱珠教授金婚之禧时著的《同爱共辉》，在台北出版增订本后，赐我电子版，并一再抱歉因为数量有限，无法奉送。我倒不然，当时先生已过古稀之年，但仍能用计算机写字发邮件，让我甚为惊讶，由此可见，先生是一个能跟上时代步伐的人，用时下时髦的话来说，先生是一个“与时俱进”的人。

当初，我应大学老师的推荐到新成立不久的复旦大学分校任教，先生热情地接纳了我，后来又推荐我到北京参加了被称为中国社会学“黄埔一期”的社会学讲习班，开了我的社会学研究生涯，并与先生结下了近三十年亦师亦友的感情。因此，从某种意义上说，是先生打开了我的社会学之门。

记得在大学读书的时候，就隐约听说过系里有一位老师是袁世凯的曾孙，这在当时特殊的情境中，只是学生间偷偷议论的

仇立平，时任上海大学社会学系系主任，《社会》杂志执行主编。

“秘密”,我也是在很久之后才知道袁先生就是这位传说中的人物;同时,我也知道系里有一位公认的才女,就是王爱珠教授。但他们是一对学术伉俪则是我工作之后很久才听闻的。后来有机会到先生家里拜访,见到我在学生时代就很仰慕的王教授。王教授治学严谨、思想活跃,著述颇多,在学生中是出了名的。初见王教授,其和蔼关切丝毫不见一个教授的架子。20 世纪 80 年代末我搬到新居时,先生和夫人还特地到家中探访,嘘寒问暖,令晚辈感动。

最令我感佩的是,先生作为豪门后裔,但从未见其到处“显摆”,反而处处能感受到先生的儒雅谦恭,那是根植于家族之上的一种气质和处世方式。在与先生共事和合作研究的那段岁月里,我了解到先生和他的同事们为中国社会学的重建大声疾呼,东奔西走,奋笔疾书,正本清源,吹散了当时还笼罩在社会学上的“左”的阴霾。正是由于先生这些前辈学者们的筚路蓝缕,奠定了中国社会学的重建和恢复的基础。先生长期致力于老年社会学的研究,可以说是社会学在大陆重建以来老年社会学的开拓者,他所提出的观点和对策,对于正在走向老龄化的中国社会,仍然具有深刻的现实意义。有趣的是,先生夫人王教授原先致力于社会主义政治经济学的研究,造诣颇深,但后来也开始从事老年经济学的研究,成为中国老年经济学研究的开拓者。两人的学术道路殊途同归,最后都致力于老年学的研究,不仅是学术佳话,恐怕也是背后的文化积淀使然,因为只有尊重传统,才能使我们更自信,只有尊重老人,才能使社会更加文明进步。现在《同爱共辉》要出增订二版,命我作跋,作为晚辈,深感惶恐,自知学力有限,文字浅薄,是没有资格作跋的，但蒙先生厚意，不敢拂违，黾勉为之。祝先生和夫人健康长寿。

2008 年 12 月 28 日

《同爱共辉》上海大学出版社 2020 年版跋

史家定

当下，上海大学出版社出版发行《同爱共辉——袁缉辉王爱珠执教 50 年金婚钻石婚纪念》一书，可庆可贺！

本人与袁老师同龄，相识之时，他是教师，我乃学生。1957 年秋末，“反右”运动后期，袁老师在教授马列主义基础课的同时，被派到我所在的年级（复旦大学历史系 1956 级）担任政治辅导员。他风流儒雅，平易近人，给我留下深刻的印象。不久，我也成为复旦政治学系教师；四年后，我们又一起调到新建的复旦资本主义国家经济研究所，成为亦师亦友同事十八载。袁老师离开复旦后，我又与王老师成为复旦经济学院的院友。

2005 年，时值复旦大学百年校庆，复旦大学出版社出版发行《同爱共辉——袁缉辉王爱珠教授执教 50 年暨金婚纪念》一书。翌年及 2009 年，台湾秀威资讯科技股份有限公司出版发行该书增订本与增订二版（繁体字）。现在，2020 年，上海大学出版社即

史家定，复旦大学世界经济研究所原副所长，教授。2023 年 8 月逝世。

将出版新一版《同爱共辉》，第一至五篇，主要论述经济学、社会学、老年学的理论，第六至八篇主要讲述这对伉俪的金色晚晴，即他们的老年生活实践。本书每一篇一般由三个部分组成：第一部分是“心路回眸”，介绍他们在该研究领域的成果；第二部分是“学术撷英”，选录他们的主要论著；第三部分是“见证历史”，由学术前辈、同事、昔日学生对他们的成果或事迹发表评说，或收录一些见证他们美好生活的图文内容，这样的编写方法，使本书更具有可读性。

书中首先介绍了袁、王两位的传略。这对伉俪生平有三奇。

一奇：袁缉辉是李鸿章、袁世凯、段祺瑞的后人。李、袁、段是中国近代历史上具有重大影响的历史人物。如果某个人是上述某一人之后，人们往往就会举目直视，而袁缉辉竟是上述三人之后，这就不得不令人拍案称奇。特别是1949年以后，在“以阶级斗争为纲”的历次政治运动中，多少知识分子家破人亡，而作为三重顶级豪门之后的这对伉俪，却能平安着陆，这是十分不易的！或许，这是他们平时为人低调、不显摆、乐于助人的善报。

二奇：袁、王是一对“三同”伉俪。他们同龄，生日虽非同月同日，也仅相差24天；同窗，是复旦大学经济学系的同班同学，毕业后均留校任教；同是享受国务院政府特殊津贴的教授。

三奇：他们不仅是生活上的伴侣，还是学术上默契配合的伙伴。他俩同是上海市老龄科学研究中心学术委员，又分别是该中心下属两个研究所（上海市老年社会学研究所、上海市老年经济学研究所）的首任所长，同是上海市老年学学会理事。他们相互切磋，相互砥砺，相互支持，共同献身于老年学研究，均取得丰硕成果。他们真是珠联璧合，同爱共辉。

“文革”结束后，袁老师作为复旦经济研究所骨干教师，奉调筹建复旦大学分校，担任分校政治系主任。他借改革开放的东风，发挥自己的潜能，为社会学的恢复与发展作出了贡献。

社会学是以具体社会为对象，对社会结构、人类社会行为进行科学研究，因而是对国计民生极具重要性的一门社会科学。然而，从 20 世纪 50 年代起，却被当作伪科学而惨遭查禁。胡绳同志在“反右”运动期间，连续发表四篇批判社会学的文章。20 年后，在拨乱反正的年代，他出版《枣下论丛》增订本，竟增收当年批判社会学文章中未发表的更为严厉的部分，引起社会学界的专家学者的议论和忧虑。为此，《人民日报》内刊刊发张子毅等同志的文章《评胡绳同志对社会学的“批判”》，予以批驳。1979 年 8 月，袁缉辉与同事刘炳福联名，在《文汇报》的内刊《理论探讨》上发表《也评胡绳同志对社会学的“批判”》一文。袁、刘认为，胡绳是理论界的学术权威，他对社会学的错误批判的影响若不加以肃清，社会学的研究就很难开展。袁、刘的文章受到学术界的欢迎与好评，他们的文章与张子毅同志等的文章为扫除恢复社会学的思想障碍，起了南北呼应、一唱一和的作用。

接着，袁老师奔走呼吁，组织领导，在既缺人才又缺教材图书资料的基础上，白手起家，为社会学的恢复和发展不懈努力：1980 年，在复旦大学分校建立培养大学本科生的社会学系，并担任首任系主任；1981 年，创办社会学杂志《社会》(社会学丛刊)，1983 年起改为双月刊，在社会学界有较大影响；1986 年，任上海大学社会学研究所首任所长。

袁老师在社会学研究中，很早就关注老龄化问题。1982 年，他与上海市总工会宣传部筹组上海市老年人问题研究会。1983年,他到美国耶鲁大学做访问学者时,就选择老龄问题作为研究的突破口。此后,他们夫妇多次参加老龄问题国际会议,发表了一系列有关老龄问题的论著。特别是袁缉辉发表的《人口老龄化问题不能不成为中国关注的重大问题》(《上海老年报》1995年7月28日,《中国老年报》1995年10月25日转载),该文对屠雨迅先生《老龄化还不是大问题》(《新民晚报》1995年3月17日)进行批评,产生了相当大的影响。某位学术大师在其《谈所谓“老龄化”》(《新民晚报》1997年10月10日)短文中说:“60岁以上就是老年,我不知道,这个规定是从哪里来的? 是不是国际公认的?”随后,袁缉辉等学者在多次学术会议上指出他的这一谬误。

王爱珠老师是复旦大学经济学系在教学和科研上卓有建树的优秀教师。王老师是入选复旦大学经济学系建系90周年(1922—2012)的20多位“前辈鸿儒”中的唯一女正教授。早在20世纪80年代初,王老师到南斯拉夫作访问学者时,就十分关注社会学,并合作翻译该国大专院校教材《社会学——马克思主义关于社会的一般理论基础》(塞尔维亚文第10版,见上海译文出版社1989年版、台湾水牛图书出版事业有限公司1991年版)。苏联解体以后,她以政治经济学的深厚功底和参加经济改革研究的宽广阅历,毅然从经济体制改革比较研究转入老年经济学研究。她以马克思主义为指导,以老年经济关系作为研究内容,揭示群体老龄化和个体老龄化过程中形成的诸多经济关系和经济问题,取得了丰硕的学术成果。她在复旦大学经济学系建立老年经济学研究所,担任首任所长,1996年出版中国第一本老年经济学专著《老年经济学》，为创立中国老年经济学作出了开创性贡献。她还为研究生开设"老年经济学"课程，获得学生高度赞扬和一致好评。她坚持真理，敢于与权威人士开展学术论战，写作《正确理解家庭养老和社会养老的科学涵义——评〈中华人民共和国老年人权益保障法释义〉若干观点》一文，发表在《复旦学报(社会科学版)》1998 年第 2 期，值得钦佩。

贤伉俪不仅是老年学的研究者，更是老年学的实践者。他们不仅用老年学理论指导自己的老年生活，还将自己的养老经验上升为理论，指导别人以正确的方式方法过好晚年生活。他们提出，老人应该"积极养老"，而不是"消极养老"。要做到积极养老，关键在于一个"学"字，即要用"老有所学"来带动"老有所为"，促进"老有所乐"，从而达到身心健康的长寿。

他们言行合一，行胜于言。袁老师视力较弱，但仍用心学习电脑知识，掌握电脑打字、电脑编排图书照片的方法。耄耋之年的王老师不仅学习英语和舞蹈，还像小姑娘一样学习钩针，钩织毛衣背心、围巾披肩。她用玻璃、水晶等串编的兔、马、猴、羊、象、龟等各种动物造型，以及花篮、项链、手链，日积月累，无法胜数，除自我欣赏、分赠亲友外，还义卖捐赠。汶川地震、台南风灾、海地地震、日本海啸、美国桑迪风灾、新冠疫情等，她都进行捐款。尽管捐款数额不算大，但她的这份爱心是无价的。

他俩喜爱旅游，注重身体锻炼，日行万步，坚持"多动脑，勤用手，管住嘴，迈开腿"，既提高晚年生活质量，又减轻家人和社会的负担。

由于他们采取积极的养老方式，尽管贤伉俪年届八八米寿，但都身体健康，精神矍铄，思维敏捷。在此，祝愿这对绝配伉俪比翼双飞，天长地久，健康长寿，幸福快乐！

2020 年 6 月

本书未刊《同爱共辉》各版“见证历史”文章目录

作　者	文　章	刊《同爱共辉》版本、页码
吴铎	《社会学恢复和重建初期的几件往事》	复旦本，045－050
庞树奇	《见证一段历史》	复旦本，050－053
徐桂华	《研究苏东经济改革的新成果》	复旦本，98－101
叶敦平	《我与王爱珠教授合作编写〈中国社会主义建设教程〉》	复旦本，112－115
曹漫之	《〈老龄问题〉序》	复旦本，137
徐勤	《书缘》	复旦本，138－139
方波	《辛勤的拓荒者》	复旦本，139－140
陈先淮	《关于老年学及几个概念的理解问题》	复旦本，222－226
成露茜	《投入银色的文化工程》	复旦本，246－247
季一举	《一段难以忘却的往事》	复旦本，247－248
	《美国社会学人类学代表团访华报告》	复旦本，265－266

续　表

作　者	文　章	刊《同爱共辉》版本、页码
［日］中川阳	《人口控制与人口老龄化问题》	复旦本，267－268
赵宝华	《紧密联系实际的理论专著》	台（增订本）263－264
许可臻	《相伴50年，同庆金婚日》	台（增订本）339－341
陈忠启	《金婚话题》	台（增订本）341－342
王勋	《见证历史，继往开来》	上大本，065－069
孙嘉明	《同结共系复旦情》	上大本，070－072
张钟汝	《师恩难忘　当涌泉相报》	上大本，132－134
王玮	《人老心不老》	上大本，245－246
叶玉桐	《欢乐的时刻》	上大本，246－247
许可臻	《相伴50年，同庆金婚日》	上大本，259－261
马成东、黄妙琴、吉人	《金婚贺词》	上大本，261－262
李道钧、朱莉华	《昌烨持猴照》	上大本，279
复旦大学历史学系1959级学生	《各人择之，爱不释手》	上大本，280

附 录

袁缉辉教授主要著作、论文目录(截至 2004 年)

《英国政府机构》(编著者之一),上海人民出版社 1973 年版。

《对外贸易要有一个大发展——驳〈社会主义政治经济学〉有关外贸问题的谬论》(合作),《解放日报》1978 年 6 月 30 日。

《认真开展社会学的研究》(合作),《解放日报》1979 年 9 月 12 日。

《是恢复社会学研究的时候了》(合作),《文汇报》1979 年 10 月 16 日。

《谈谈无产阶级社会学的内容和方法》(合作),《复旦学报(社会科学版)》1979 年第 6 期。

《也评胡绳同志对社会学的"批判"》(合作),《理论探讨》(《文汇报》内刊)1979 年第 6 期。

《社会学文选》(合编),浙江人民出版社 1981 年版。

《开展社会学教学　培养社会学专门人才》,《社会》(社会学丛刊)创刊号,1981 年 10 月。

《开展老年社会学的研究是一件大事》,《社会》1982 年第 3 期;获上海市高校哲学社会科学研究奖(1976—1982 年)。

《坚持马克思主义理论指导,开展社会学问题的研究》(合作),收录于《沿着马克思的理论道路前进——纪念马克思逝世一百周年论文集》,上海人民出版社 1983 年版。

《对〈马克思、恩格斯的著作中是如何使用"社会学"名称的〉一文质疑》,《社会》1983 年第 4 期。

《中国对老年社会学的研究》，1983 年 7、8 月间在美国耶鲁大学、密苏里堪萨斯大学、加拿大曼尼托巴大学等校的讲演。

《从战略高度研究老年人问题》（上海市社会学学会 1983 年年会上的学术报告），《社会》1984 年第 1 期。

《美国社会学人类学代表团访华报告——关于上海大学部分》，译自[美]《美中交流通讯》第 12 卷，1984 年 12 月。

《老龄问题》（主编，上海市哲学社会科学“六五”规划重点项目研究成果之一），复旦大学出版社 1986 年版。

《老年期是人生的新阶段》《正确树立老年期的生活目标》《全社会都来关心老年人》，收录于《老年生活指南》，上海文化出版社 1986 年版。

《复旦大学分校社会学系的建立与发展》，收录于《中国社会学和人类学（1979—1983）》，美国夏普出版社 1984 年版。

《浅析人口老化》，《工人日报》1985 年 5 月 17 日。

《中国的老年赡养》（第 13 届国际老年学大会论文），《中国民政》1986 年 6 月；[日]《中国研究月报》1986 年 8 月译载。

《应用社会学的发展》（全国应用社会学讨论会论文），《社会科学战线》1986 年第 2 期。

《上海市区高龄老人生活状况调查报告》（合作），《社会学研究》1987 年第 3 期。

《社会问题与社会控制——谈社会治安的综合治理》，《社会科学》1987 年第 2 期。

《中国老年社会保障体系的改革》，收录于《老龄问题国际讨论会文集》，劳动人事出版社 1988 年版。

《认真研究我国人口老龄化的趋势及其对策》，《上海大学学报(社会科学版)》1988 年第 2 期。

《老年型地区的社区功能及社会保障》,《社会保障研究资料》1988 年第 5 期。

《人口控制与人口老龄化》,《社会》1988 年第 5 期。

《当代老年社会学》(合著,上海市哲学社会科学“七五”规划重点项目研究成果,“中国老年学研究十年成果优秀奖”),复旦大学出版社 1989 年版,台湾水牛图书出版事业有限公司 1991 年版(繁体字版)。

《“新世界的老年人”——记第 14 届国际老年学大会》,《上海老年报》1989 年 8 月 25 日,《中华老年报》1989 年 8 月 30 日。

《发展社会福利　促进家庭养老》,收录于《中国内地及香港迈进九十年代社会福利发展研讨会报告书》,1990 年。

《老龄问题问答》,《中华老年报》1992 年 10 月 31 日。

《老龄化对中国的挑战》(两主编之一),复旦大学出版社 1991 年版;第一编抽印本定名为《社会老年学教程》(“中国老年学研究十年成果优秀奖”),复旦大学出版社 1992 年第一版、1998 年第二版,台湾水牛图书出版事业有限公司 1994 年版(繁体字版)。

《关于老年死亡的几个问题》,《社会学》1991 年第 1 期。

《积极增进老年人的权益》,收录于《退休职工经济实体实用手册》,复旦大学出版社 1992 年版。

《家庭养老与在家养老》,《社会》1992 年第 1 期。

《“长寿时代的到来——社会走向成熟”——第四届亚太地区老年学大会纪实》,《上海老年报》1992 年 2 月 14 日。

《开展老年社会学的研究是一件大事》,《社会》1992 年第

3期。

《中国的老龄化现状与课题》,《上海大学学报(社会科学版)》1992年第5期。

《发展社区服务支持家庭养老》,《中国社会报》1993年3月23日;"家庭"系编辑所改,作者原写作"居家"。

《老年学与老龄问题》,收录于《老年科学漫话》,知识出版社1993年版。

《老年学——本世纪的朝阳科学》,收录于《怎样安度晚年》,上海中医学院出版社1993年版。

《老年学要为健康的老龄化服务——第15届国际老年学大会主题评述》,《上海老年报》1993年12月17日。

《各涉老部门共同奋斗,迎接老龄化对中国的挑战》,收录于《七十年代的中国社会工作》,1993年。

《金色的晚晴——老年生活质量研究》(两主编之一,上海市地方院校文科科研重点项目,上海市老龄科学研究中心重点项目研究成果),学林出版社1994年版。

《老龄工作必须科学化》,收录于《老年学文集》,中国文联出版公司1994年版。

《新加坡对老人的服务》,《中国老年报》1994年1月19日。

《发展外向型经济讲究有效益有质量的发展速度——学习〈邓小平文选〉第三卷关于对外开放思想的体会》,《上海大学学报(社会科学版)》1994年第2期。

《要注意保护老人的经济利益》,《上海老年报》1994年3月4日。

《精神生活贫乏　家务劳动过重——本市老年人生活质量

的调查情况》,《上海老年报》1994 年 4 月 1 日。

《不同社会经济条件下的养老方式》,《社会工作研究》1994 年第 4 期。

《老年生活质量有待提高》(合作),《社会》1994 年第 8 期。

《市场经济与老年保障》,学林出版社 1995 年版。

《外向型经济与人文环境》(两主编之一),学林出版社 1995 年版。

《人老仍须社会化》《为老服务前景广阔》《与其身后厚葬,不如生前厚养》,收录于《跨世纪老人的通信》,上海文化出版社 1995 年版。

《社会主义市场经济中老年人保护工作的特点》,《上海老龄科学》1995 年第 1 期。

《人口老龄化问题不能不成为中国关注的重大问题》,《上海老年报》1995 年 7 月 28 日,《中国老年报》1995 年 10 月 25 日摘登。

《美国退休制度的改革》,《社会》1995 年第 11 期。

《养老的理论与实践》,《中国老年学杂志》1996 年第 5 期(纪念中国老年学学会成立十周年专辑)。

《尽早抓好个人储蓄性养老保险》,《决策参考》1996 年第 2 期。

《强化家庭作用　支持居家养老》,收录于《家庭与老人》,中国文联出版公司 1996 年版。

《攒钱养老自求多福》,《社会》1996 年第 3 期。

《别忘了留守老人》,《社会》1996 年第 5 期。

《美国退休制度岌岌可危——美国白宫老年会议热门话

题》,《国际观察》1996 年第 3 期。

《养老问题浅议——从理论和实践结合角度进行的思考》,《社会科学》1996 年第 6 期。

《“社会养老”和“家庭养老”》,《解放日报》1998 年 1 月 29 日。

《深入开展义务助老志愿活动》,《上海老龄科学》1998 年第 1 期。

《谈家庭养老与社会养老相结合》,之一《加快建立社会养老保障制度》《中国老年报》1998 年 2 月 6 日;之二《大力发展社区为老服务》,《中国老年报》1998 年 2 月 11 日;之三《充分发挥家庭赡养作用》《中国老年报》1998 年 2 月 13 日。

《建立居家养老的导向机制》,《文汇报》1998 年 5 月 29 日

《加快社会养老保障　强化家庭赡养作用》,收录于《银色的盾牌——老年人权益保障文集》,学林出版社 1998 年版。

《维系居家养老是国际社会的共识》(合作),收录于《中国的养老之路——全国家庭养老与社会化养老服务研讨论文选集》,中国劳动出版社 1998 年版。

《老年消费者权益的保障》,收录于《老人与发展研讨会论文集》,上海科学技术文献出版社 1999 年版。

《老龄问题世界大会会徽及其他》,《中国老年报》1999 年 4 月 16 日。

《留守老人需要理解和支持》,《上海老干部工作》1999 年第 4 期。

《加快工房改造支持居家养老》,《上海退休生活》2003 年第 2 期。

《美国居家照顾服务》《成人日间保健中心》,《上海民政》2004 年第 5、6 期。

王爱珠教授主要著作、论文目录(截至 2000 年)

《思想问题与反革命问题》,原载上海报刊,后被收录于《思想与生活》第 12 辑,重庆人民出版社 1955 年版。

《资本主义只能由社会主义代替——谈谈社会主义兴起的必然性》,收录于《为什么资本主义必然要灭亡?》,上海人民出版社 1956 年版。

《社会主义革命先取得政权而后再建设社会主义的经济基础,这是否符合经济基础与上层建筑相互关系的原理?》,《解放日报》1956 年 4 月 26 日。

《政治经济学教材(社会主义部分)》(姚耐等主编,编写第十一章"消费品的分配"),上海人民出版社 1961 年版。

《谈谈社会主义制度下的级差地租》,《文汇报》1962 年 1 月 17 日。

《什么是级差地租?》,《解放》1962 年第 2 期。

《怎样理解"小生产是经常地、每日每时地自发地和大批地产生着资本主义和资产阶级"?》,《解放日报》1962 年 10 月 16 日,《浙江日报》10 月 19 日转载。

《经营管理好坏是产生级差地租的因素吗?——与汪旭庄等同志商榷》(合作),《中国经济问题》1962 年第 10 期。

《关于按劳分配的客观必然性》,原载《中国经济问题》1964 年第 4 期,后被收入《建国以来按劳分配论文选(上册)》,上海人民出版社1978年版。

《集镇手工业生产要进一步面向农村》,《学术月刊》1966年第4期。

《社会主义时期没有奖金是不行的——批判〈社会主义政治经济学〉在奖金问题上对列宁论述的篡改》,《复旦学报(社会科学版)》1978年第1期。

《列宁是怎样论述按劳分配的》,《解放日报》1978年2月14日。

《要热心于提高劳动生产率》,《文汇报》1978年3月20日。

《高速度发展社会主义经济具有决定意义》,《解放日报》1978年4月5日。

《政治经济学辞典(下册)》(许涤新主编,参加社会主义部分词条的编写和审稿、定稿,编审组成员),人民出版社1981年版。

《中国和南斯拉夫生产资料所有制异同》(用塞尔维亚语写成),南斯拉夫《自治》杂志1982年第9期。

《南斯拉夫社会所有制的理论和实践》,《世界经济》1983年第4期。

《南斯拉夫社会所有制的形成及其实质》,收录于《南斯拉夫经济与政治》,中国财政经济出版社1983年版。

《从奥地利的社会经济情况看关于资本主义经济的几个基本理论问题》,《复旦学报(内部发行版)》1983年第6期。

《农、轻、重要协调发展——重读〈论十大关系〉》,《复旦学报(社会科学版)》1983年第6期。

《生产资料社会所有制》(译著),复旦大学出版社1984年。

《社会主义生产是价值产品的生产》,《复旦学报(社会科学版)》1984 年第 3 期。

《社会主义政治经济学研究的回顾与展望》,《复旦学报(社会科学版)》1984 年第 5 期。

《突破传统观念,建立具有中国特色的社会主义经济体制》,收录于《经济学探索的丰硕成果——上海市经济学会 1979—1985 年获奖论文选》,上海社会科学院出版社 1988 年版;获 1979—1985 年上海市经济学会、哲学社会科学联合会优秀学术成果奖。

《深圳的经济发展和社会进步》,《社会》1984 年第 4 期。

《从生产资料所有制结构看深圳特区经济的性质和特点》,《社会科学战线》1985 年第 4 期。

《从社会主义商品经济看发挥城市的经济功能》,《商业经济与管理》1985 年第 3 期。

《社会主义经济理论的重大突破》,《世界经济文汇》1985 年第 5 期。

《关于社会主义国家经济职能的几个问题》,《经济研究》1985 年第 7 期。

《关于"横向联系"的科学定义》,《开发》1986 年第 3 期。

《从发展横向经济联系看苏联东欧的经济体制改革》,《社会科学》1986 年第 6 期。

《横向经济联系与经济体制改革——从苏东国家经济体制改革谈起》,《管理世界》1986 年第 6 期。

《苏联东欧国家体制改革的经验》,《社会科学》1987 年第 5 期;获上海市经济体制改革研究会 1986—1988 年度优秀学术成果奖。

《社会主义政治经济学》(蒋学模主编,撰写第 8、12、14 章,7 万多字),复旦大学出版社 1987 年版。

《中国社会主义建设教程》(两副主编之一,撰写第 2、3、4、5、6、7 章,共 10 万多字),上海人民出版社 1988 年版。

《苏联东欧国家及南斯拉夫经济体制改革新特点》,《上海改革》1989 年第 1 期。

《苏联、东欧及南斯拉夫等国的经济体制改革》,《政治教育》1989 年第 4 期。

《苏联东欧经济改革概论》,复旦大学出版社 1989 年版,台湾水牛图书出版事业有限公司 1991 年版(繁体字版)。

《社会学——马克思主义关于社会的一般理论基础》(合译,译 15 万字),上海译文出版社 1989 年版,台湾水牛图书出版事业有限公司 1991 年版(繁体字版)。

《大力开发满足老年人需要的银发市场》,获上海市老年学学会、老年基金会优秀论文奖,《消费报》(1991 年 6 月 29 日)和《上海老年报》(1991 年 9 月 6 日)分别摘要发表。

《试析老年人的需求特点》,《上海老年报》1991 年 9 月 6 日。

《从经济角度看老年人家庭若干问题》,收录于《老人与家庭——老龄问题与老年学论文集》,上海科学普及出版社 1992 年版。

《退休职工经济实体实用手册》(三主编之一,与陈佩瑛、周坤合作),复旦大学出版社 1992 年版。

《老有所为,为得其所——从社会生产力再利用论退休职工经济实体的作用》,收录于《退休职工经济实体实用手册》,复旦大学出版社 1992 年版。

《老年科学漫话》(合作,撰写 2 篇,5 万多字),知识出版社 1993 年版。

《公有制条件下劳动者同生产资料结合的最佳途径》,《复旦学报(社会科学版)》1993 年第 2 期。

《略论市场经济与人口老龄化问题》,《世界经济文汇》1993 年第 2 期。

《老龄事业要在市场经济中再上新台阶》,《上海老龄科学》1993 年第 3 期。

《录用——量才还是量龄?》,《中华老年报》1993 年 7 月 5 日

《不妨晚进晚退》,《上海老年报》1993 年 7 月 9 日。

《“老来俏”激发你的活力》,《健康报》1994 年 1 月 25 日。

《老年再婚难中的经济因素》,《上海老年报》1994 年 2 月 4 日。

《发展老年经济,开展老年经济学研究》,《复旦学报(社会科学版)》1994 年第 2 期。

《新加坡之行的思考》,《大潮文丛(经济・文化)》1994 年第 3 辑。

《从经济看代际矛盾的转移和化解》,《世界经济文汇》1994 年第 6 期;后被收入《中国“八五”科学技术成果选》。

《上海市区退休职工再就业状况》(合作),《上海老年报》1994 年 10 月 14 日。

《退休金应当同物价挂钩》,《中国老年报》1994 年 10 月 19 日。

《挂钩和分享应是离退休职工的合法经济权益》,《江苏经济探讨》1994 年第 12 期;后被收入《中国“八五”科学技术成果选》。

《离退休人员应当分享社会发展成果》，《中国老年报》1995 年 1 月 18 日。

《想追回自己失去的美是有可能的》《这块“大蛋糕”老人是否也该享用》《银发市场理应加速繁荣》《在家养老需要子女的理解支持》，收录于《跨世纪老人的通信》，上海文化出版社 1995 年版。

《老年消费的新特点》，《上海老年报》1996 年 5 月 31 日。

《老年人口的消费倾向》，《上海老年报》1996 年 7 月 26 日。

《老年市场亟待开发》，《上海老年报》1996 年 8 月 30 日。

《更新思想观念，繁荣老年市场》，《上海老龄科学》1996 年第 4 期。

《老年经济学》（34.8 万字），复旦大学出版社 1996 年第一版，2000 年第二版；获中国老年学会颁发的中国老年学研究十年成果一等奖、教育部颁布的普通高等学校第二届人文社会科学研究成果奖经济学三等奖、1999 年度复华教学科研奖。

《退休金实质和形式的矛盾——兼论 21 世纪退休金改革方向》，《复旦学报（社会科学版）》1996 年第 5 期。

《人生最美夕阳红》，《现代社会保险》1996 年第 6 期。

《勤奋思考　杰出贡献——评蒋学模教授的新著〈走向社会主义市场经济的理论思考〉》，《复旦学报（社会科学版）》1997 年第 1 期。

《老，也可以很快乐》（与袁缉辉合著），台湾鼎言传播事业有限公司 1997 年版。

《上海市老年保障体系及其运行机制研究》（合作负责“上海市老年保障体系及其运行机制研究”的分课题“城镇离退休人员

分享经济发展和社会进步成果研究”，任课题组组长，参加撰写和定稿），上海科学技术文献出版社1998年版。

《正确理解家庭养老和社会养老的科学涵义——评〈中华人民共和国老年人权益保障法释义〉若干观点》，《复旦学报（社会科学版）》1998年第2期。

《谈“挂钩”与“分享”》，《上海老干部工作》1998年第11期。

《再谈“挂钩”与“分享”》，《中国老年报》1998年4月8日。

《提高老年人口的消费质量》，《上海老龄科学》1998年第3—4期。

《我国在解决养老问题上的发展方向》，《中国老年报》1998年12月18日。

《继续发挥家庭的养老功能》，《中国老年报》1999年1月6日。

《老年人是社会发展的参与者和受益者——纪念1999年国际老人年》，《上海交通大学学报（社会科学版）》1999年第1期。

《建立人人共享的社会》，《上海民政》1999年第2期。

《老年人参与共享理所当然》，《中国老年报》1999年3月5日。

《老年人共享社会发展成果的理论思考》（合作），《复旦学报（社会科学版）》1999年第3期。

《居家养老与社区服务》，《中国老年报》2000年3月3日。

《上海市高校退休人员“老有所为”情况的调查报告》（合作），新世纪上海经济发展与退休职工“老有所为”专题研讨会材料，2000年12月。

结婚周年纪念名表(WEDDING ANNIVERSARIES)

1 周年　Paper Anniversary(纸婚)
2 周年　Cotton Anniversary(棉婚)
3 周年　Leather Anniversary(皮革婚)
4 周年　Silk Anniversary(丝婚)
5 周年　Wood Anniversary(木婚)
6 周年　Iron Anniversary(铁婚)
7 周年　Bronze Anniversary(铜婚)
8 周年　Electric Anniversary(电婚)
9 周年　Ceramic Anniversary(陶瓷婚)
10 周年　Tin Anniversary(锡婚)
11 周年　Steel Anniversary(钢婚)
12 周年　Linen Anniversary(麻婚)
13 周年　Lace Anniversary(花边婚)
14 周年　Ivory Anniversary(象牙婚)
15 周年　Crystal Anniversary(水晶婚)
20 周年　China Anniversary(瓷婚)
25 周年　Silver Anniversary(银婚)
30 周年　Pearl Anniversary(珍珠婚)
35 周年　Coral Anniversary(珊瑚婚)
40 周年　Ruby Anniversary(红宝石婚)
45 周年　Sapphire Anniversary(蓝宝石婚)
50 周年　Golden Anniversary(金婚)

55 周年　Jade Anniversary(翡翠婚)

60 周年　Diamond Anniversary(钻石婚)

75 周年　Diamond Anniversary(钻石婚)

摘自《同爱共辉》(增订本),袁缉辉、王爱珠等著,台湾秀威资讯科技股份有限公司 2006 年出版,第 343 页

后　记

袁缉辉、王爱珠教授夫妇是新中国培养的第一代大学生，1953年复旦大学毕业。他们同龄、同窗、同教，于1955年结成伴侣，长期从事经济学、社会学和老年学的教学和研究。2005年，在复旦大学步入百年华诞，袁缉辉、王爱珠教授夫妇迎来金婚季节的时候，复旦大学出版社出版了反映他们学术生涯和爱情生活的真实记录《同爱共辉》。书中有他们的传略，也有他们自己写的“心路回眸”，又在“学术撷英”中辑录了他们的论著，并有20多位著名专家学者写的序和评介，作为“见证历史”。《同爱共辉》反映了他们这一代知识分子近半个世纪以来的特殊经历和难忘岁月，在复旦大学百年校庆金婚庆典盛会首发。

《同爱共辉》(增订本)2006年3月一版、2009年4月二版增加了珍贵照片和重要文章，以繁体字由台湾秀威资讯科技股份有限公司出版发行。2020年，袁缉辉、王爱珠教授夫妇步入钻石婚。为此，《同爱共辉》在首版即复旦大学出版社2005年版的基础上做了较多增删，尤其增加了“百年校庆　金婚庆典”和“从金婚到钻石婚”两篇内容，并由上海大学出版社出版。

当下，就在袁缉辉、王爱珠教授夫妇度过“双羊九十三”华诞的时候，我和张爱芳、林桦共同编著了《同爱共辉　光彩照人》书稿，汇集了海内外30余名专家学者(其中多数是他们的学生弟子）撰写的文章，衷心祝贺2005年至2025年5版《同爱共辉》的问世，以生动的史实展示了他们70余年的学术生涯和包含金色晚晴的伉俪人生之旅，尤其是分篇重点介绍了他们在经济学特别是老年经济学三个“首”字、社会学“三个第一”和老年学上的开拓以及身体力行等方面的卓越贡献。《同爱共辉　光彩照人》堪称人们励志的生动教材，对经济学、社会学和老年学有见证历史的重要参考价值，本书面世也定能为复旦大学一百二十周年校庆献上一份厚礼。

我是1959年9月自上海中学考入复旦大学历史系学习的。当时袁缉辉老师是我们马列主义基础课教员和年级辅导员。他给我们上的第一堂课就是《共产党宣言》，他关心同学，工作细致，讲究方法，平易近人，给我们留下深刻的印象。60余年来，我们复旦大学历史系1959级老同学一直与袁老师保持着联系。2011年10月，我们沪上老同学在上海图书馆举行了庆贺袁缉辉王爱珠老师八十华诞的活动。2019年9月，我们在复旦大学历史系会议室，举办“复旦大学历史系1959级进校60周年座谈会”，袁老师自美国发来贺信。2021年4月，我们沪上老同学在上海图书馆举行“祝贺袁缉辉王爱珠伉俪新著《同爱共辉》出版暨九十华诞座谈会”，并与在美国的两位老师进行视频对话。

值此《同爱共辉　光彩照人》在复旦大学一百二十周年校庆时出版之际，2025年也是复旦大学历史系建系一百周年，回顾自己进入复旦大学历史系以来60余年治学治史的历程，也情不自禁地发出肺腑之言：不忘初心，感恩复旦，感恩历史系，感恩袁老师！

王鹤鸣

2024年3月15日

图书在版编目(CIP)数据

同爱共辉　光彩照人/王鹤鸣,张爱芳,林桦编著.
上海:复旦大学出版社,2025. 1. -- ISBN 978-7-309-
17669-8

Ⅰ. K825. 46

中国国家版本馆 CIP 数据核字第 2024MC2372 号

同爱共辉　光彩照人
王鹤鸣　张爱芳　林　桦　编著
责任编辑/黄　丹

复旦大学出版社有限公司出版发行
上海市国权路 579 号　邮编:200433
网址:fupnet@ fudanpress. com　http://www. fudanpress. com
门市零售:86-21-65102580　团体订购:86-21-65104505
出版部电话:86-21-65642845
苏州市古得堡数码印刷有限公司

开本 787 毫米×960 毫米　1/16　印张 18. 75　字数 203 千字
2025 年 1 月第 1 版
2025 年 1 月第 1 版第 1 次印刷

ISBN 978-7-309-17669-8/K · 848
定价:80. 00 元